›Gute Mädchen kommen in den Himmel, böse überall hin‹. Ute Ehrhardts prägnante Analyse ist zum Buchklassiker geworden.

Jetzt zeigt sie den Frauen, wo ihre Stärken und Chancen liegen: Das »schwache« Geschlecht ist längst stark geworden. Der weibliche Vorsprung ist bedeutender als viele erwarten. Unsere Bescheidenheit hat uns zu lange die Augen verschlossen, doch unsere weiblichen Vorzüge sind heute gefragt.

Warum weigern sich dennoch viele Frauen, ihre Qualitäten wahrzunehmen? Fürchten sie Liebesverlust oder Verantwortung? Scheuen sie davor zurück, ihre Kompetenz, ihre Tüchtigkeit und ihre seelische Kraft zu akzeptieren?

Frauen haben in vielen Auseinandersetzungen den längeren Atem und könnten die wirklichen Gewinner sein. Doch das will die zögerliche Seele der Bescheidenen (noch) nicht erkennen. Oft bremsen sie sich selbst aus, verspielen ihre Chancen und wollen gar nicht so genau wissen, was wirklich in ihnen steckt.

Dass sie sich ihre Lebenslust und ihre Freude am Erfolg schmälern, das bemerken sie spät. Während Männer einen Kult des »Ich bin der Größte« entwickeln, machen Frauen sich klein. »Ich kann es.« Diese Kraft, die Freude an der eigenen Lebenstüchtigkeit, das erleben sie zu selten.

Es gilt, Fakten zu schaffen, statt sich vor vollendete Tatsachen stellen zu lassen. Die Devise lautet: »Zupacken statt zögern«. Frauen müssen den Mut finden, sich der eigenen Talente bewusst zu werden und sie für ihre Lebensfreude nutzen. Es ist an der Zeit, aus dem Schatten zu treten. Und nachgeben, wenn SIE die bessere Lösung hat, das wäre einfach widersinnig. – Wir haben zu lange still gehalten.

*Ute Ehrhardt* wurde 1956 in Kassel geboren, sie besuchte das Abendgymnasium und studierte Psychologie. Ihre Tochter ist 22 Jahre. Nach dem Studium gründete sie mit ihrem Mann eine psychotherapeutische Praxis. Sie war viele Jahre als freiberufliche Dozentin für berufliche Weiterbildung tätig. Schwerpunkt: Kommunikation und Optimierung eigener Fähigkeiten. Mit ihrem Mann Wilhelm Johnen führt sie seit zehn Jahren eine Beratungsgesellschaft. Ihr Schwerpunkt: Coaching von Führungskräften.

*Unsere Adresse im Internet: www.fischer-tb.de*

Ute Ehrhardt

# Die **Klügere** gibt nicht mehr nach

Frauen sind
einfach besser

Fischer Taschenbuch Verlag

Veröffentlicht im Fischer Taschenbuch Verlag,
ein Unternehmen der S. Fischer Verlag GmbH,
Frankfurt am Main, Mai 2002

Lizenzausgabe mit Genehmigung des
Krüger Verlages, Frankfurt am Main
© Wolfgang Krüger Verlag GmbH, Frankfurt am Main 2000
Lektorat: Micheline Rampe
Druck und Bindung: Clausen & Bosse, Leck
Printed in Germany
ISBN 3-596-15478-2

# Inhalt

Der Gescheitere gibt nach!
Eine traurige Wahrheit;
sie begründet
die Weltherrschaft
der Dummheit.
**Marie von Ebner-Eschenbach**

# Die Klügere gibt so lange nach, bis sie die Dümmere ist

Auf vielen Ebenen gibt es einen *weiblichen* Vorsprung. Seit dem Erscheinen von »Gute Mädchen kommen in den Himmel, böse überall hin« ist mir verstärkt aufgefallen, selbst starke Frauen haben sich noch nicht mit dem Gedanken vertraut gemacht, dass sie in vielen Bereichen besser sind. Mein Ziel ist es, diese Frauenvorteile möglichst objektiv zu betrachten, und zu zeigen, wie sie genutzt werden können.

Wir haben zu lange nachgegeben: Dort, wo Männer sich in die Brust werfen, treffen sie oft auf Frauen mit angekratzter Selbstachtung. Sogar bei geringerem Können machen sie kompetenten Frauen den Rang streitig. Nur die Frau, die ihre eigenen Pluspunkte erkennt, besitzt die Chance gegenzuhalten. Nur *sie* wird selbstverständlich und selbstbewusst auf ihrer Position bestehen. Eine Abgrenzung gegenüber Männern ist dabei nicht mein Thema, schon gar nicht die Frage, wer der bessere oder der schlechtere Mensch ist. Es geht darum, Frauen spüren zu lassen, welche Fähigkeiten in ihnen stecken und welche Möglichkeiten sie besitzen, denn dann werden sie ihre Talente einsetzen, erfolgreich sein und Lebenslust gewinnen. Die Ära des Brav-seins ist zu Ende.

Ute Ehrhardt
Frankfurt, im Juli 2000

# Die ewige Zweite

## Entscheiden WIR oder lassen wir entscheiden?

Vater und Sohn verunglücken bei einem Autounfall. Der Vater stirbt, der Sohn wird mit schweren Hirnverletzungen in ein Krankenhaus gebracht. Der Junge hat Glück, eine Kapazität auf dem Gebiet der Hirnchirurgie arbeitet an dieser Klinik. Aber als sie den Jungen sieht, kommt der verblüffende Satz: »Ich kann ihn nicht operieren, er ist mein Sohn!«
Sie werden sich – wie viele andere – fragen, wie kann das möglich sein? Und erst nach einigem Nachdenken kommt man auf die Lösung. Fast jeder braucht Zeit, hier die richtige Antwort zu finden: Die Kapazität ist die Mutter des Jungen.
Nicht nur Männer, auch Frauen haben Schwierigkeiten, sich vorzustellen, dass die Kapazität eine Frau ist. Warum?
Letztlich ist das Muster stets gleich, wir unterschätzen Frauen, und wir überschätzen Männer.
Der Makel, das zweite, das schwächere Geschlecht zu sein, blockiert das Leben vieler Frauen. Wir leben mit einem Bild von uns, das uns die eigenen Chancen und das eigene Können kaum bewusst werden lässt.
Selbst wenn man uns schmeichelt, uns zum zarten und schönen Geschlecht erklärt, bleibt doch der schlechte Beigeschmack, auch die Dümmeren zu sein. Woran liegt das?
Wir tun zu wenig dafür, unseren Selbstrespekt zu erhöhen.
Diese Fessel müssen wir abstreifen.

## Kommen Frauen langsam, aber gewaltig?

Es fällt einem Mann leicht, sich selbst mehr als jedem anderen zu glauben und auf dem eigenen Standpunkt zu beharren. Männer berufen sich in allen Lebenslagen auf sich selbst als *die* entscheidende Autorität. Das große Männer-Ego kennt keine Zweifel: Die eigene Meinung ist die einzig richtige. Der eigene Kampf ist stets gerecht. Nur die eigene Sicht der Welt kann die wahre sein.

Frauen tun sich extrem schwer, eine derartig »hohe« Meinung von sich zu entwickeln. Für sie ist es in der Regel eine große Hürde, sich voll und ganz auf die eigene Wertung zu verlassen, der eigenen Einschätzung zu vertrauen.

> **Sie zweifeln? Sie glauben, es wäre paradox, für sich selbst *die* ausschlaggebende Autorität zu sein? Aber wer sonst sollte diese Entscheidungsmacht haben, wenn nicht SIE?**
> **Wollen Sie im Ernst, dass *andere* über Ihr Leben bestimmen? – Wirklich zweifelhaft ist es, das letzte Wort abzugeben und sich bis zum Sankt-Nimmerleins-Tag zu fragen: »Mach ich das richtig?«**
> **Wir besitzen innere Stärke, wenn wir dem eigenen Urteil vertrauen. Nur dann können wir überzeugt handeln und unsere Sache vertreten.**
> **Wagen Sie die Probe aufs Exempel! Was haben Sie in der letzten Woche wirklich ganz allein entschieden?**
> **Sie können sich durchaus mit jemandem beraten, aber das ausschlaggebende letzte Wort sollten Sie haben.**

Achten Sie auf den Tenor Ihrer Frage, wenn Sie die Meinung eines Dritten einholen. Wollen Sie wissen: »Was soll ich tun?«, oder fragen Sie: »Was spricht deiner Meinung nach für meine Absicht, was spricht dagegen?« Bei der ersten Frage wälzen Sie die Verantwortung ab. Nur die zweite Art zu fragen lässt alle Entscheidung bei Ihnen.

Bei vielen Frauen stoßen wir an dieser Stelle auf den Kern ihrer Selbstzweifel und damit auch an das größte Handicap auf dem Weg zum »starken« Geschlecht zu werden. Gravierende Defizite liegen in unserer Selbstsicherheit. Entscheiden lassen wir lieber andere, zu bestimmen, wo es lang geht, liegt nicht in unserer Natur. Wir sichern uns ab, suchen Bestätigung, wir glauben, jemand anderes könnte es noch besser wissen.

Das fängst bei der schlichten Entscheidung an, das Kleid zu kaufen, das uns gefällt. Stolz schleppen wir eine Freundin ins Geschäft. Doch schon ihr Stirnrunzeln raubt uns jegliche Begeisterung.

Wir wollen mit unserem Partner ins Kino. Drei interessante Filme stehen zur Auswahl. Wer wird entscheiden, in welchen Film Sie gemeinsam gehen? – Genau! – In der Regel ist es der Mann.

Stimmt! – Ich vergaß: Ihnen war es ja nicht so wichtig. Schließlich waren doch *alle* Filme auf Ihrer Wunschliste.

Es gibt viele Wege, die Entscheidung aus der Hand zu geben: Welcher der Filme auf *Ihrer* Liste stand eigentlich an erster Stelle?

Und die Schwierigkeiten, zu einer richtigen Entscheidung zu kommen, enden nicht mal bei der heiklen Frage, ob eine bestimmte Operation notwendig ist oder nicht. Sich mit mehreren Ärzten zu beraten, das ist zwingend. Doch das letzte Wort, das können nur Sie haben!

Selbst wenn Frauen sich auf einem Gebiet sehr gut auskennen, neigen sie dazu, jemanden zu suchen, der »perfekt« ist. Sich selbst ziehen sie dabei nicht in Betracht.

Erst dann, wenn wir uns selbst mögen, uns selbst respektieren und uns selbst als Autorität anerkennen, erst dann hat die Eroberung von gut bezahlten Jobs, der Kampf um gleichberechtigte Kinderbetreuung und eine ganz persönliche Lebensplanung wirklich begonnen. Erst wenn Frauen sich ihrer Werte bewusst sind, können sie mit dem ewigen Zögern und Zaudern aufhören, erst dann werden sie »gewaltig vorwärts kommen«.

**Wer zu spät kommt, den bestraft das Leben**

Ich bin weit davon entfernt, Frauen aufzufordern, kopflose Entscheidungen zu treffen. Was wir lernen müssen, ist loszulegen, mit der Gewissheit, ausreichend gerüstet zu sein, auch wenn wir noch nicht alle Fakten gesammelt und alle Folgen bedacht haben können.

Wir dürfen nicht aus den Augen verlieren, dass Männer die schnelleren Entscheider sind. Immer wieder kommen sie uns zuvor. Tatsache bleibt: Männer schaffen Fakten.

Unterschätzen sollten Frauen die männliche Bereitschaft vorzupreschen und zuzugreifen keinesfalls, selbst dann nicht, wenn sie diese Art, eine Sache in Angriff zu nehmen, als draufgängerisch oder übereilt bewerten.

Tausende von Frauen werden täglich von Männern vor vollendete Tatsachen gestellt: in Beziehungen, im Beruf oder im Straßenverkehr. Ein befreundeter Rechtsanwalt nannte es die »normative Kraft des Faktischen«.

Nach dem Motto »Wenn ich erst mal den Job habe, ist immer noch Zeit, mich weiter zu qualifizieren« reißen sich Männer den Posten unter den Nagel und überlegen erst dann, wie sie den Anforderungen gerecht werden.

Sie zwängen sich vor uns in eine Parklücke und belehren uns selbstgefällig lächelnd: »Wer drängelt, ist eben zuerst da.«

Selbst vor Gericht gilt, wer bei einer Auseinandersetzung den anderen zuerst anzeigt, der hat die bessere Ausgangsposition, einen Prozess zu gewinnen. Wer sagt: »Ich kann …«, beeindruckt eher als der Zauderer, der sagt: »Ich glaube, ich könnte …«

**Es gilt: Im Zweifel handeln, statt warten. Fakten schaffen und danach weitersehen. Zögern ist eine Form des Nachgebens. Wer zu spät kommt, den bestraft das Leben.**

Männer werden mit Konkurrenzgedanken groß. Sie haben von klein auf gelernt, auch mit geringem Wissen selbstbewusst zu entscheiden. Doch bei allem Beifall, der ihnen für ihre spontane und konsequente Handlungsbereitschaft gebührt, dürfen wir die Kehrseite der Medaille nicht aus den Augen verlieren: Weniger Perfektion und Fehler durch Selbstüberschätzung.

Das passiert Frauen nicht: Selbst wenn sie glauben, übereilt zu handeln, werden sie kaum in die Not geraten, ihren Vorgaben nicht gerecht zu werden. Auch wenn wir es endlich wagen vorzupreschen, loszulegen, ohne uns hundertprozentig sicher zu sein, werden wir unser Soll erfüllen. Einmal im Schwung, sind die weiteren Schritte leichter als erwartet, das ist sicher. Für eine Frau ist es viel schwieriger, sich selbst zu überschätzen. Sogar wenn Frauen sich nicht perfekt vorbereitet fühlen, werden sie selten auf die Nase fallen.

Die Zaghafte muss zur Macherin werden.

Frauen sind einfach besser, als sie glauben.

## Es steckt mehr in uns!

Die meisten Frauen leiden noch immer unter einem zu geringen Selbstbewusstsein. Sie schätzen sich schlechter ein als sie sind und stellen sich schlechter dar. Sie vertrauen nicht auf ihr Können. Kein Wunder, wenn gute Stellen eher durch Männer besetzt werden als durch Frauen.

Doch das wird nicht so bleiben: Der Aufstieg der Frauen hat begonnen.

Die weibliche Art zu denken, sich in andere hineinzuversetzen und Menschen zu motivieren, bildet die Basis unserer sozialen Kompetenz. Die Fähigkeit, viele Fäden gleichzeitig zu ziehen und mehrere Details nebeneinander zu sehen, ermöglicht es uns, in vielen Lebensbereichen nicht nur mitzuspielen, sondern eine führende Position einzunehmen. Frauen werden in der

Wirtschaft, in der Verwaltung, in der medizinischen Versorgung, in der Politik, in der Kultur und in allen übrigen bedeutenden Bereichen unserer Gesellschaft gebraucht.

Aus der bescheidenen Ecke auszubrechen ist nicht einfach. Manche Frauen streiten sich leidenschaftlich mit mir, wenn ich meine Frauen-sind-besser-These erläutere. Sie fürchten den kalten Wind am Gipfel. Ihnen ist es unheimlich, klar zu bekennen: »Ja, das kann ich besser als viele andere, und ich werde es auch beweisen!« Erst nach längeren Gesprächen, in denen wir über ihre konkreten Erfahrungen sprachen, konnten sie einräumen, dass sie von vielen Männern umgeben sind, deren Qualitäten sie als eher zweifelhaft einschätzten.
Sie könnten eine Mehrheit dieser Männer auf der Stelle ersetzen und würden in vielen Fällen bessere Ergebnisse erzielen, das wussten diese Frauen genau. Aber sie fürchten die Spitze wie der Teufel das Weihwasser. Es braucht Zeit bis Frauen den Mut finden, klar zu bekennen: »Das kann ich besser!«
Wir haben zu lange in der zweiten Reihe gestanden.

## Sind Frauen die besseren Menschen?

Selbstverständlich sind Frauen weder die besseren Menschen, noch aus Prinzip stets intelligenter oder begabter als Männer. Solche generellen Aussagen interessieren mich nur am Rande. Wenn ich vom weiblichen Vorsprung rede, dann tue ich das im gleichen Sinne, wie ich feststelle: Frauen haben im Mittel kleinere Füße als Männer. Natürlich gibt es eine Million Frauen, die zu Recht sagen können: »Ich kenne einen Mann, der kleinere Füße hat als ich!« Würden Sie dennoch die Behauptung, Frauen haben kleinere Füße als Männer, in Zweifel ziehen? Kaum.
Mit dem Vorsprung der Frauen auf vielen Gebieten ist es letztlich genauso, er ist nur schwieriger zu beschreiben.

## Die Krux, den eigenen Vorsprung zu sehen

Frauen erkennen in den meisten Konstellationen präziser als Männer, was andere Menschen wollen. Sie spüren, was ihre Kinder brauchen, sie erahnen, was der Partner am liebsten hätte, sie wissen, was ein Vorgesetzter erwartet. Viele Frauen kultivieren dabei aber leider nur den dienstbeflissenen Geist in sich, der nichts Besseres zu tun hat, als diese Vorstellungen umgehend zu befriedigen. Mit folgsamem Eifer übersehen sie, dass ihr Spürsinn für das, was dem Gegenüber vorschwebt, eine unabhängige Größe ist. Wir müssen – auch wenn wir sehr genau erkennen, was er oder sie will – *nicht* im gleichen Atemzug auch zu Diensten sein. Wir können genauso gut deutlich »Nein« zu den Wünschen sagen, die wir so klar abgelesen haben.

Doch unser weiblicher Impuls zu helfen ist zu stark. Wir trennen unsere Fähigkeit, die Wünsche anderer zu erkennen, *nicht* von unserem Drang, sie auch zu befriedigen – obwohl beides prinzipiell nichts miteinander zu tun hat. Jede Frau hat, meist schmerzlich, erkannt, dass Männer bei solchen Fragen extrem anders reagieren. Der männliche Impuls zu helfen, ist deutlich geringer ausgeprägt.

Vor Verzweiflung über die Dickköpfigkeit ihrer Partner verlieren Frauen aus den Augen, dass Männer normalerweise keine Ahnung davon haben, was in einem anderen Menschen vor sich geht. Ein durchschnittlicher Mann erspürt nicht einmal die Hälfte dessen, was für eine Frau offensichtlich ist.

Frauen können es kaum fassen, dass Männer von dem, was andere empfinden, wirklich derartig wenig wahrnehmen.

Der Erklärungsversuch: »Die Männer wollen es nicht sehen!« schlägt fehl. *Nein, sie können* es nicht sehen! Es ist der Mangel an Fähigkeit. Es begegnet uns keine besondere Willenskraft oder Härte, nur schieres Unvermögen. Was keine Entschuldigung, sondern lediglich eine Feststellung ist.

Sie könnten es lernen. Doch es ist *nicht* die Aufgabe von Frauen, aus Männern herauszulocken, was in ihnen verborgen sein könnte.

### Defizite werden schön geredet!

Häufig stilisieren Frauen männliche Defizite zu Willenskraft, Charakterstärke oder Unabhängigkeit.

Viele Frauen würden den Satz unterschreiben, »Männer kommen mit dem Alleinleben besser zurecht als Frauen!« Frauen sind schnell bereit, männliches Unvermögen in Qualität umzudeuten. In Wirklichkeit sind Männer schlecht dran, wenn sie ohne Partnerin leben. Die Vorstellung, Männer wären Frauen überlegen, sie seien die geborenen einsamen Wölfe, entspringt einem Aberglauben: Zum Beispiel zeigen Männer, wenn sie allein leben, deutlich mehr psychische Auffälligkeiten als Frauen. Wohlstandsverwahrlosung nannte Birte das Symptom, das sie bei verlassenen Männern diagnostizierte: Ungebügelte Hemden, nachlässige Rasur, ungeputzte Schuhe, fehlende Knöpfe – sie lassen sich gehen.

Frauen kommen mit dem Alleinleben besser zurecht. Sie haben mehr Sozialkontakte und erweisen sich als seelisch ausgeglichener.

### Die ersten Fakten

Es gibt ein erhebliches weibliches Plus in allen kommunikativen Fähigkeiten: Frauen sind wortgewandter. Frauen erkennen und entschlüsseln leichter als Männer, was zwischen den Zeilen gesprochen wird. Feinsinnig verstehen wir die Gesten des anderen und lesen seine Mimik. Wir nehmen alles auf, was neben dem gesprochenen Wort vermittelt wird. Wir interpretieren, auch intuitiv, die nonverbalen Botschaften. Frauen besitzen einen deutlich höheren Grad an Einfühlungsvermögen. Wir erkennen die Befindlichkeiten, die Stimmungen anderer, ohne dass diese sich direkt dazu äußern. Wir nehmen Zwischentöne wahr und sind darin geschult, feine Nuancen und Details in den Verhaltensänderungen anderer zu erkennen.

Frauen fällt es relativ leicht, verschiedene Sichtweisen zusammenzufügen, d. h. einen Konsens zu erzeugen.

Frauen sind die geschickteren Verhandler. Wir können besser kooperieren und haben die Gabe erworben, Gemeinsamkeiten herauszuarbeiten und Einigkeit herzustellen.

Alle Sinne arbeiten bei Frauen präziser. Wir haben beim Hören, Schmecken, Fühlen, Riechen und Tasten einen deutlichen Vorsprung. Wir verfügen über ein hohes Maß an sensorischem Geschick.

Und: Frauen sind in der Lage, verschiedene Dinge gleichzeitig im Auge zu behalten.

Frauen planen langfristiger und verlieren ihr Ziel seltener aus den Augen, auch wenn sie es vielleicht auf Umwegen ansteuern (müssen). Sie sind ausdauernd und können körperliche Strapazen besser verkraften.

Ihre Führungseigenschaften beruhen stärker auf Gleichbehandlung, Zusammenarbeit und dem gezielten Nutzen aller Fähigkeiten im Team.

Frauen sind an Menschen interessiert. Sie wollen wissen, was andere tun, und wollen sie verstehen. Sie sind neugierig darauf, wie andere Menschen denken und was deren Motive sind. Daraus erwächst ein höheres Informationsniveau.

**Was Frauen sehen**

Frauen planen vorausschauend. Sie betrachten die Zusammenhänge ganzheitlich. Sie sind flexibel und verfügen über ein enormes intuitives Urteilsvermögen und eine ausgeprägte Vorstellungskraft.

Frauen registrieren viele verschiedene Einzelheiten ihrer Umgebung, verknüpfen sie miteinander und bringen sie in einen sinnvollen und nützlichen Zusammenhang. Frauen nehmen verschiedene Personen gleichzeitig wahr und erkennen, womit sie sich beschäftigen.

Wenn eine Frau einen Raum betritt, findet sie schnell heraus, wie die Menschen dort zueinander stehen, welche Paare zusammengehören, wer streitet, wer wem Avancen macht, welche Frau Konkurrentin ist und welche wohl gesonnen, wer auf ihrer Seite steht und wer nicht.

Freunde sind schnell erkannt und Feinde schnell entlarvt. Ob auf privater oder beruflicher Ebene, Frauen erkennen zwischenmenschliche Konstellationen sofort. Sie erahnen schneller, wer kooperiert und wer Intrigen schmiedet. Und Frauen denken weit voraus.

Ein ungewöhnliches und spannendes Beispiel für weibliche vorausschauende Planung erlebte ich vor kurzem: Eine Gruppe von fünf Freundinnen, alle im Alter zwischen knapp 50 und gerade 60 Jahren, drei mit Partner, zwei Singles, bereiten sich auf ihren dritten Lebensabschnitt vor. Sie haben dafür ein ungewöhnliches Konzept entwickelt: Eine alte Fabrik war langfristig günstig zu pachten. Dort lassen sie Wohnungen nach ihren Bedürfnissen ausbauen. Zusätzlich gibt es einen großen Gemeinschaftsbereich, in dem Gäste schlafen können, gewerkelt werden kann, Feste möglich sind und das Wichtigste: Die Freundinnen können sich dort zu zwanglosem Plausch treffen. Die Idee: Im Alter Kontakt und Gesellschaft zu haben ohne lange Wege, ohne den Druck, in der eigenen Wohnung Gäste bewirten und unterbringen zu müssen. Hilfen für Haushalt oder Pflege werden sich einfacher und kostengünstiger organisieren lassen, sobald die gegenseitige Unterstützung über ihre eigenen Kräfte geht.

Allemal fröhlicher als ein Platz im Altenheim.


## Lebenslust in der ersten Reihe

Unsere Talente, unsere Klugheit und unsere emotionale Kraft öffnen uns alle Möglichkeiten. Wir müssen entscheiden, ob wir uns hinter gespielter Dummheit und Schwäche ausruhen wollen und unsere Zeit verschlafen, oder ob wir all unsere Stärken nutzen und unser Leben aktiv gestalten.

Doch warum heraustreten aus der seligen Ruhe, die wir in der zweiten Reihe weiterhin genießen könnten? Sollen wir tatsächlich alle Chancen ergreifen, die sich auftun?

Werden wir wirklich glücklicher, wenn wir nach mehr Verantwortung, mehr Aktivität, Erfolg und Unabhängigkeit streben? Ja! – Wir können uns jeden Tag, jede Stunde entscheiden, glücklich zu sein. Wir können mit großen Schritten auf unsere Lebensfreude zugehen.

Ich bin überzeugt: Wir spüren unsere Lebenslust nur, wenn wir all unsere Sinne und Energien einsetzen. Immer nur hoffen und harren, dass etwas von allein geschieht, dass ein anderer handelt, bringt *uns* nicht weiter. In unserem Inneren brodelt eine Kraft, die genutzt werden will.

Freudig etwas tun, unsere Energien auf eine Sache konzentrieren, sich anstrengen … und das gute Ergebnis genießen. Zu erleben »Ich kann …«, weckt in jedem Glücksgefühle.

Diese Freude können wir uns selbst bereiten. Jeden Tag!

Frauen gönnen sich diese Art der Lebenslust selten. Sie verzetteln sich leicht in vermeintlichen Notwendigkeiten.

 **Das muss sich ändern. Frauen haben das Zeug, in vielen wichtigen Feldern des Lebens einen klaren Vorsprung zu erreichen.**

**Machen Sie die Nagelprobe!**

**Wann hatten Sie zuletzt das Gefühl: »Das hätte ich besser gemacht!« Bei Ihrem Chef, bei Ihrem Partner, bei einer Freundin?**

**Wann haben Sie zuletzt aktiv etwas dafür getan, dass SIE sich gut fühlten?**

**Warum sollten Sie sich mit der zweiten Reihe begnügen, wenn Sie auch in der ersten mitspielen können?**

**Nur im Kino sind in den hinteren Reihen die besseren Plätze.**

# Frauen sind einfach besser

Greife nach den Sternen,
du wirst sie vielleicht nicht erreichen,
aber du wirst auch nicht auf dem Boden kriechen.
**Janet Holmes**

## Vertrauen wir unseren Gefühlen?

Viele Frauen kämpfen gegen ihre Gefühle. Oft empfinden wir unsere Emotionen als zu mächtig. Ein Mann verletzt uns, schon fließen Tränen. Wir werden im Job kritisiert, schon fühlen wir unsere Umgebung in einem Nebel verschwinden. Aber im Beruf lassen wir uns die Irritation nicht mehr anmerken. Nein, wir halten uns äußerlich tapfer. Jedem zeigen wir unsere aufwallenden Gefühle schon lange nicht mehr. Sie ziehen uns auch nicht mehr in den Strudel ohnmächtiger Resignation, schwemmen uns keinesfalls bis an den Rand eines Nervenzusammenbruchs.

Wir haben unsere Emotionen im Griff, legen ihnen Zügel an. Wir kaschieren sie, geben uns cool. Schätzen tun wir sie nicht. Unsere innere Stimme flüstert uns zu: »Halt! Hier ist etwas nicht in Ordnung! – Sei wachsam!« Aber wir schütteln sie einfach ab. Wir erklären sie zur Feindin, wir wollen vernunftbetont, stark und unbeugsam sein. Da stört das mäkelige Seelchen, das zur Vorsicht mahnt.

Unser Gefühl sagt: Mit diesem Menschen stimmt etwas nicht. Lass dich nicht von ihm nach Hause bringen. Wir wittern den

Pferdefuß hinter der galanten Freundlichkeit unseres neuen Bekannten. Aber unsere Höflichkeit oder unsere Sorglosigkeit siegen. Und erschrocken stehen wir wenig später hinter der eigenen Haustür und werden ziemlich unruhig. – Unser Begleiter hat den Fuß rücksichtslos in die Tür gestellt. Ernste Zweifel steigen auf, ob wir diese Szene ohne Blessuren überstehen werden.

Oder wir setzen unsere Unterschrift blind unter einen Reparaturauftrag und werden von einer Rechnung überrascht, die doppelt so hoch ist wie mündlich angekündigt.

Ich hab's gewusst, lautet die späte Erkenntnis, die solchen Reinfällen stets folgt. Es tröstet wenig, dass Männer, die natürlich auch in solche Fußangeln geraten, eher kommentieren: »Das hätte ich nie erwartet!« Dass unsere Göttergatten, Freunde oder Kollegen selten etwas merken, daran haben sich Frauen schon gewöhnt. Doch uns hilft das wenig, denn manches Mal haben wir vor Ärger über die eigene Gutgläubigkeit fast vergessen, dass unser Gefühl uns ziemlich deutlich aufmerksam gemacht hat: »Lass das sein! – Es wird schief gehen!«

**Wir spüren so viel und glauben unserer Eingebung letztlich doch selten, und noch seltener folgen wir ihr konsequent. Schauen Sie zurück auf die letzten Tage. Wo hat Ihr Gefühl Sie gewarnt? Wie haben Sie auf die Warnung reagiert?**

Wir ahnen, wenn der Blumenverkäufer uns einen Bären über die absolute Frische seiner Waren aufbindet. Aber er lächelt doch so verbindlich.

Wir riechen es förmlich, wenn unsere Kinder uns mit treuherziger Miene versichern, sie hätten draußen gespielt und auf gar keinen Fall hätten sie sich das Gewaltvideo »Der Kettensägenmörder« angesehen, sondern es nur für einen Freund versteckt. Wir hatten es am Morgen zufällig in einer der Schulmappen entdeckt und den Fund zum Anlass genommen, ihnen unsere Einstellung zu solchem »Dreck« deutlich zu machen. Doch jetzt mit ihnen streiten, obwohl es keinen handfesten Beweis gibt? Dazu sind wir nicht kühn genug, schließlich könnten wir auch schief liegen.

Wir sehen es unserem Mann an, wenn er mit seinen Kollegen einen Geschäftsabschluss begossen hat, statt pünktlich zu Hause zu sein und die Kinder, wie verabredet, zu den Großeltern zu fahren. Aber wenn er mit ernster Miene versichert, dass die Prüfer in der Firma sind und einfach kein Ende gefunden haben, geben wir klein bei, zweifeln an unserem Verdacht und nehmen seinen Job mal wieder wichtiger als unseren. Wir geraten zwar unter Druck, schaffen es aber gerade noch, unseren Präsentationstermin einzuhalten. Wir verzichten auf die nahe liegende Frage, wieso er gar keinen Durst mehr hat, obwohl er sich ansonsten, zu Hause angekommen, immer ein kühles Bier gönnt, fast bevor er die Aktentasche ablegt.

Wenn eine Freundin uns wegen Migräne versetzt, wissen wir genau, hier nimmt wieder eine Männergeschichte ihren Anfang, die wie immer in wilder Verzweiflung enden wird. Migräne ist lediglich das Kürzel für: »Unsere Verabredung ist nicht so wichtig wie mein Liebesglück.« In wenigen Tagen wird sie mit hochrotem Kopf ihre lausige Schummelei enttarnen, in einigen Wochen wieder um schwesterlichen Trost bitten und uns tage- und nächtelang die Ohren voll jammern. Und wir werden gnädig mit Rat und Zeit zur Seite stehen, auch wenn wir wissen, dass alles beim Alten bleiben wird.

Hätten wir doch ab und an den Mumm, unserem Gefühl entsprechend zu handeln, unserer Ahnung zu trauen: Genau dann, wenn unser Instinkt uns am Ärmel zupft und meist kleinlaut auf eine Diskrepanz zwischen Wort und Botschaft hinweist.

Wie oft nehmen wir uns vor, sofort zu reagieren, zumindest klar nachzufragen? Doch eine Sekunde später, vor die Notwendigkeit gestellt, unseren Zweifel zu begründen, geht uns die Puste aus. Was sollten wir sagen? »Ich hab so ein Gefühl! Ich ahne einen Widerspruch!« »Mir hat eine innere Stimme ›zweifele‹ ins Ohr geflüstert!« Wir wissen, wie solche Diskussionen enden: »Du beschuldigst mich, nur weil du eine Ahnung hast? Du hast nicht den kleinsten Anhaltspunkt für deine Vermutung. Musst du immer alles bezweifeln, was ich dir sage?«, verteidigt sich der Ehemann. »Kann man nicht einfach mal Kopfweh haben und sich schlecht fühlen?«, motzt die Freundin. Und die Kinder sind treuherzig empört: »Mama, was du immer denkst. Solche Filme mögen wir doch gar nicht!«

Dann steht man da, verdutzt, mit einem beschämten Gesicht, ist die vermeintlich Dumme, fühlt sich blamiert. Es bleiben nur zwei Möglichkeiten: Inquisitorin spielen oder um Vergebung bitten. Also hält man die Klappe und wartet auf eine neue Gelegenheit, bei der die Beweislage besser, die Anzeichen sonnenklar und der Ertappte willig ist, ein Geständnis abzulegen. Wer sich so beruhigt, vergisst, dass dies nie eintreten wird.

**Die Klügere gibt nicht mehr nach. Sie weiß genau, dass sie mit ihrer inneren Stimme oft richtig liegt. Sie besteht auf Klärung. Sie kann sich natürlich irren, sie kann jemandem unrecht tun, aber sie folgt ihrem Impuls. Sie beharrt auf einer Klärung. Und das Wichtigste: Die anderen lernen, dass sie nicht so leicht hinters Licht zu führen ist.**

Erst wenn die ertappten Kinder zugeben können, was die Mutter sowieso schon ahnte, kann ein Gespräch über die Problematik von Gewaltvideos beginnen, nur dann haben die Kinder eine Chance, über beunruhigende Szenen zu sprechen. Ohne Gespräch lernen sie höchstens, sich geschickter zu tarnen.

Die Auseinandersetzung mit dem Ehemann kann nur stattfinden, wenn er sicher weiß, dass seinen Ausflüchten keinerlei Glauben geschenkt wurde. Erst dann können Interessen fair gegeneinander gesetzt und Absprachen verbindlich getroffen werden.

Nie klein beigeben!

Ginge es bei solchen Vermutungen nur darum, Kinder, Mann

oder Freundin bei einer kleinen Unwahrheit zu ertappen, wäre die Diskussion sicher schnell beendet. Aber es geht um Wichtigeres.

Frauen haben für sehr viele Dinge ein untrügliches Gespür. Und sie müssen dieses Gespür ernst nehmen. Mütter wissen, wann Kindern wirkliche Gefahr droht. Frauen ahnen, wenn ihr Partner sich innerlich zu lösen beginnt. Wir könnten vielen Menschen auf den Kopf zu sagen, ob sie zueinander passen oder ob ihnen eine Tragödie bevorsteht.

Und Frauen, die ihre Intuition wichtig nehmen, können noch viel mehr. Sie erkennen auf den ersten Blick, ob sie einem Menschen trauen können. Sie entscheiden in Bruchteilen von Sekunden, ob sie einen Auftrag annehmen. Eine Unternehmensberaterin erzählte mir, sie könnte durchaus nach dem ersten Kontakt mit den Managern einer Firma abschätzen, ob das Unternehmen gut läuft und mit welchem Gewinn oder Verlust zu rechnen ist. Sie hat ein Spiel daraus gemacht. Immer wenn sie die Führungskräfte einer neuen Firma kennen lernt, rät sie den Umsatz und den Jahresgewinn. Ihre Trefferquote ist erstaunlich hoch.

Eine Musiklehrerin erkennt bei über 90 % ihrer Schülerinnen und Schüler am Beginn der ersten Stunde, wie begabt und lernwillig sie sind.

**Traue deinem Verstand *und* höre auf deine Gefühle.**


### Herrin der Lage

Eine junge Mutter sitzt mit ihrem Kind in der U-Bahn. Drei ziemlich grob auftretende Jugendliche in provozierender Kleidung besteigen den gleichen Wagen.

Die Jugendlichen beschäftigen sich scheinbar freundlich mit dem Kind, berühren es, schneiden Grimassen, schwenken aber auch ein Feuerzeug vor seinem Gesicht. Die Mutter lächelt zu all dem und macht einen sehr ruhigen Eindruck. Meinem Mann und mir als Zuschauern wird ziemlich mulmig bei der

Szene, und wir überlegen, ob wir einschreiten müssen. Weil die Mutter sich aber offensichtlich der Situation gewachsen fühlt, bleiben wir in gespannter Erwartung sitzen, rechnen aber damit, dass wir irgendwie zu Hilfe kommen müssen.

Dann versucht einer der Jugendlichen, das Kind aus seinem Kinderwagen zu nehmen – und *jetzt* reagiert die Mutter prompt und äußerst klar: In einem harten Ton und mit sehr ernstem Gesicht sagt sie deutlich »Nein«. Die Jugendlichen verlieren fast im gleichen Moment die Lust, sich weiter mit dem Kind zu beschäftigen, und steigen an der nächsten Station aus.

Diese Szene hat uns noch längere Zeit beschäftigt. Offensichtlich war die junge Mutter in jeder Sekunde Herrin der Lage. Sie wählte eine gelassene Beschwichtigungsstrategie, solange die Spiele der Jugendlichen letztlich harmlos blieben. Obwohl klar war, dass hier nicht der Wunsch, fröhlich mit einem kleinen Kind zu spielen, das wirkliche Interesse der drei jungen Männer war. Es ist müßig, über deren verdeckte Absichten zu spekulieren, harmlos werden diese nicht gewesen sein. Die harte, zurückweisende Reaktion der Mutter ließ sie die U-Bahn verlassen. Es schien nicht so, als hätten sie ihr Fahrziel erreicht, falls sie überhaupt eines hatten.

Wir haben lange über die Bedingungen dieser Begebenheit spekuliert. Uns fiel auf, dass die junge Mutter um unsere Besorgnis und Bereitschaft, wenn nötig einzugreifen, gewusst haben muss. Sie spürte genau, dass wir helfen würden. Wir glauben, sie hatte Erfahrung mit dieser Sorte herumstreunender Jugendlicher. Sie war wehrhaft und beherzt, sie ließ sich keine Sekunde einschüchtern. Ihr anfängliches zwangloses Eingehen auf die drei und der genauso klare wie abrupte Stimmungswechsel, als die jungen Männer ihr Kind aus dem Kinderwagen nehmen wollten, zeigten dies deutlich.

Die junge Frau besaß ein tiefes Verständnis für die Situation, sie wusste um die unterschwellige Bedrohung. Während der ganzen Episode beobachtete sie das Geschehen aufmerksam.

All ihre Sinne waren wach und geschärft. Sie spürte genau, wann sie von der Beschwichtigung (durch ihre freundliche Art) zur unmissverständlichen Verweigerung wechseln musste. Sie wusste, wer ihr beistehen würde.

Sie wirkte so, als hätte sie in keinem Moment ernstlich überlegen müssen, was zu tun sei. Diese Situation hätte sehr leicht in eine gefährliche Konfrontation umschlagen können, daran bestand für uns kein Zweifel.

Diese junge Mutter war mutig, geschickt, durchsetzungsstark und gelassen. Sie war auf den Punkt genau hart und äußerst souverän.

Ich befürchte dennoch: Sie würde sich selbst nicht so beschreiben. Für sie ist es wahrscheinlich nur eine von vielen weiteren, lästigen U-Bahn-Geschichten. Ihr Selbstwert wird kaum an dieser Erfahrung gewachsen sein. Sie nimmt ihre Fähigkeiten nicht als solche wahr. Und das ist äußerst schade. Sie wird diese Geschichte niemandem erzählen, vermutlich nie richtig stolz über ihre eigene Power, ihre Stärke und ihren Mut sein können, und – so fürchte ich – sie wird keinen Gewinn daraus ziehen. Sie wird ihre Selbstachtung in keine Beziehung setzen zu diesen Fähigkeiten.

➤ **Wer das eigene Können nicht erkennt, wer keinen Stolz über seine Leistung empfindet, kann auch keine Anerkennung durch Dritte annehmen, denn es fehlt der fruchtbare Boden, auf den sie treffen könnte. Jedes Lob perlt ab.**
**Letztlich ist die soziale Rückkopplung durch Lob, Anerkennung oder vielleicht sogar durch Neid, ein notwendiger Zwischenschritt, um die eigene Selbstachtung zu erhöhen.**

Viele Frauen erkennen letztlich nicht, was sie *wirklich* können. Sie sind sich ihrer Stärken nicht bewusst und fühlen sich zu Unrecht unsicher. Selten beschreiben Frauen sich als mutig. –

Obwohl jede Frau Momente erlebt hat, in denen sie mutig war. Sie hat es vielleicht nicht bemerkt oder missachtet. Sie schätzt ihre Leistung als gering oder selbstverständlich ein.

Gitta ging energisch auf Jugendliche zu, die eine ältere Dame belästigten. Die Jungs suchten das Weite. Gittas Kommentar: »Das war nur ein Reflex, mit Mut hat das nichts zu tun.«

Ein junges Mädchen sitzt verzweifelt auf einem störrischen Pferd. Angst steht in ihrem Gesicht. Beherzt greift Dolores den Zügel und zieht das Pferd von der Wiese zurück auf den Weg. Dolores hat sehr wenig mit Pferden zu tun, mutig war ihr Verhalten in ihren Augen dennoch nicht. »Ich musste einfach etwas tun, ich konnte das Mädchen doch nicht hängen lassen!«

Ein aggressiv bellender Hund lief auf Silke und ihre Siebenjährige zu. Ohne zu zögern, riss sie das Tier mit aller Kraft am Halsband weg. Der Hund rutschte drei Meter über den Boden und ergriff verblüfft die Flucht. Ihr Kommentar: »Ich musste schließlich mein Kind retten, mutig war das nicht.«

Kaum zu glauben, wie Frauen ihren Mut ignorieren.

Doch auch weniger spektakuläre Situationen erfordern Mut, nur dass es dabei noch schwieriger wird, ihn zu erkennen.

Reklamationen durchzusetzen, einen Vordrängler aus einer Kassenschlange zu weisen, in einem Lokal einen lauwarmen Kaffee zurückgehen zu lassen, oder jemanden um eine Münze für eine Parkuhr zu bitten, weil man gerade fürchterlich in Eile ist und die Politesse 15 Meter entfernt steht.

Ich kenne hunderte von kleinen Geschichten, in denen ich Frauen erst mit der Nase darauf stoßen musste, dass ihr Vorgehen mutig war.

**Wenn Sie ahnen, dass auch Ihr Mut größer ist, als Sie wahrhaben wollen, dann fragen Sie doch einmal eine Freundin, wie sie Ihren Mut einschätzt. Sie werden überraschende Antworten erhalten. Nur behalten Sie bitte im Hinterkopf, dass Sie wahrscheinlich den Impuls ha-**

ben werden, das Lob kleinzureden. »Das war nichts Besonderes.« »Das macht jede.« So lauten die typischen Kommentare zum Lob. Viele Frauen haben, geht es um ihren Mut, einen blinden Fleck. Werden Sie eine Ausnahme!

### Herr der Lage?

Es ist schwierig vorherzusagen, wie ein junger Vater sich in der U-Bahn verhalten hätte. Aber mir fiel spontan eine Geschichte ein, die ich vor einigen Jahren mit meinem Mann in England erlebte.

Wir hatten mit einem befreundeten Ehepaar ein kleines Kajütboot gemietet, um in den engen Kanälen um Birmingham herum zu schippern. Wir passierten täglich Dutzende kleiner Schleusen, die von Hand geöffnet und geflutet werden mussten. Es dauerte eine Weile, bis man eine Schleuse verlassen konnte. An einer solchen Stelle begegneten wir einer Gruppe Jugendlicher, von denen einer, offensichtlich angetrunken, uns mit dem Hitlergruß entgegenkam. Eine heikle Situation, denn hier war eindeutig Lust auf Konfrontation im Spiel.

Unser Freund sprang, anscheinend ungerührt, an Land und begann ein Gespräch mit diesem jungen Mann. Zunächst schien es ruhig zu verlaufen. Doch in dem Moment, in dem er sich bückte, um nach einer Leine zu greifen und wieder an Bord zu springen, stieß ihn der betrunkene Halbwüchsige in den übel riechenden Kanal. Wir konnten ihn zwar schnell an Bord ziehen, aber die Szene spitzte sich zu, nicht zuletzt, weil unser Freund versuchte, die Jungs zu belehren. Sie beantworteten sein Gesprächsangebot mit Steinwürfen.

Nur mit Hilfe Dritter kamen wir einigermaßen heil aus dieser Szene heraus.

Was war geschehen? Unser Freund hatte versucht, mit dem angetrunkenen Burschen über Hitler zu diskutieren. Im Regelfall vielleicht eine lobenswerte Idee, in dieser Umgebung mit diesem Visavis wohl recht blauäugig. Vielleicht lag es daran, dass unser Freund Lehrer ist, tagtäglich mit Jugendlichen umgeht und das Brenzlige der Situation nicht ernst genug nahm. Er spürte nicht, dass es sich hier um Jugendliche in einer besonderen Lebenssituation handelte, und er unterschätzte die sprachliche Hürde, die es zu überwinden galt.

Erst im Nachhinein wurde uns klar: Unserem Freund fehlte die notwendige Einfühlung. Sein freundlicher Ton konnte das Belehrende seiner Argumentation in einer solchen aufgeladenen Spannung nicht mildern. Dass er uns später erzählte, er hätte sich als Herr der Lage gefühlt, weil er einen massiven Eisenschlüssel (zum Öffnen der Schleuse) in der Hand hielt, bestärkte unsere Einschätzung. Er hatte kein Gespür für die aufgeladene Stimmung. Die Gruppe der Jugendlichen bestand aus 15 oder mehr Personen. Sie hatten nur darauf gewartet, mit irgendwem Streit anzufangen. In ihm hatten sie ihr Opfer gefunden. Sein gut gemeintes, aber unangemessenes Vorgehen wurde zur Provokation.

## Streiten oder Standhalten

Die meisten Frauen suchen, solange sie nicht von Angst überwältigt werden, nach einer Entschärfung der aufgeladenen Situation. Sie wissen: Wer droht, wird irgendwann kämpfen. Wollen oder müssen spielt dann keine Rolle mehr.

Zugegeben, nur ein Bruchteil von Frauen hätte in der U-Bahn-Szene so souverän gewusst, wie sie sich verhalten sollten, und sicherlich wären nicht alle Männer auf die glorreiche Idee gekommen, aggressive, betrunkene Jugendliche bekehren zu wollen.

Der Kern bleibt: Frauen erkennen die unterschwellig kritische Dimension, während Männer naiv glauben, ihre Autorität, ihre Ausstrahlung – oder gar ihre Kampfbereitschaft – reiche aus, anderen Paroli zu bieten.

Die beiden Geschichten charakterisieren einen Unterschied

zwischen männlichen und weiblichen Kompetenzen und Strategien. Sie beschreiben den Kontrast, den ich prinzipiell sehe: effektive soziale Strategien von Frauen und ungeschicktes Taktieren von Männern.

➤ **Schauen Sie einige Tage oder Wochen zurück. Erinnern Sie sich an Szenen, in denen Männer eine Sache in die Hand genommen haben! Möglicherweise dachten Sie: »Das hätte ich anders gelöst!«**
**Wie oft kreuzt der Satz Ihre Gedanken: »So würde ich das nicht machen!« Achten Sie in Zukunft doch einmal darauf. Und phantasieren Sie weiter: Wie würde es ausgehen, wenn Sie an seiner Stelle stünden?**

### Und plötzlich steht SIE auf der Bühne
Sie werden sich fragen: »Was passiert, wie geht es weiter, wenn ich glaube, die bessere Idee zu haben?«
Wenn Sie einen besseren Ansatz sehen, passiert genau genommen noch gar nichts. Die Idee zu haben, bedeutet noch lange nicht, sie auch aussprechen zu müssen. Keiner zwingt Sie, dafür zu kämpfen oder sie durch- und umzusetzen.
Frauen wagen einen wirklich großen Schritt, wenn sie Alternativen nicht nur erkennen, sondern sie fordern und darauf bestehen.
Und manche mutige Frau erschrickt. Ihr wird regelrecht schwindelig, wenn sie es wagt, hervorzutreten:
»Ich hatte tierische Angst, mich lächerlich zu machen, als ich meine Idee einbrachte.«
»Die Kritik an meinem Einwand war nur schwer zu verdauen.«
»Mit den Konsequenzen aus meinen Neuerungen zu leben, war wirklich hart. Ich hatte Profil gezeigt, und jetzt erwarteten die anderen – jeden Tag und für jedes Problem – ein gutes Rezept von mir.«
»Es war toll, die möglichen Verbesserungen, die mir eingefal-

len waren, zu erläutern. Allerdings nur bis zu dem Augenblick, als mir jemand zeigte, dass einer meiner Vorschläge blanker Unsinn war. Ich habe mich noch nie so geschämt.«

»›Dann mach mal!‹ hieß die Antwort, die ich am meisten fürchtete. Davor hatte ich echten Schiss, obwohl es mich auch reizte.«

»Regelrecht schwindlig wurde mir, als ich mein Konzept gleich ausführlich begründen sollte.«

»Erst als ich ausgesprochen hatte, was ich dachte, wurde mir bewusst, wie weit ich mich aus dem Fenster gelehnt hatte!«

»Heiß und kalt wurde mir, weil mich plötzlich alle ansahen, als hätte ich die braune Papiertüte vom Kopf gezogen, die mich bisher unsichtbar gemacht hatte.«

»Mein Mann drehte sich zu mir um und sah mich mit Augen an, die ich nie mehr vergessen werde: verwundert, fast erschrocken. Gerade so, als hätte ich gesagt: Ab heute wird alles anders. Es bleibt kein Stein mehr auf dem anderen!«

»Ich wollte nur einen Vorschlag machen, doch sofort hatte ich die ganze Verantwortung.«

»Als meine Kollegin beleidigt reagierte: ›Ich hielte sie wohl für unqualifiziert!‹, hätte ich am liebsten klein beigegeben.«

Profil zu zeigen, sich mit anderen auseinanderzusetzen, erfordert eine gehörige Portion Mumm.


**Augen *auf* und durch**

Die eigenen Schreckreaktionen deuten immer auf ähnliche Sorgen:

Wir fürchten, plötzlich im Mittelpunkt zu stehen und begründen zu müssen, was wir so kess zur Sprache gebracht haben.

Wir ahnen, dass wir aufgefordert oder genötigt werden zu handeln und in die Pflicht genommen werden.

Wir wissen, wenn wir zu unserer Meinung stehen, müssen wir konsequenterweise auch Verantwortung übernehmen.

Wir haben etwas gesagt und stehen damit in der Gefahr, dass es sich als falsch erweisen könnte. Das geht jedem so.

Über uns schwebt das Damoklesschwert, das jeden Macher bedroht: Wir könnten versagen.

Jede Frau, die aus dem Schatten des Nachgebens herausgetreten ist, hat diese Hürde genommen.

Bei Marion und Frieder stand die Frage an, auf welche weiterführende Schule Swenja, ihre zehnjährige Tochter, gehen sollte. Frieder hatte beschlossen, der Empfehlung des Klassenlehrers der Grundschule zu folgen und sie in einer Realschule anzumelden.

In Marion regte sich Widerspruch. Sie wusste, dass Swenja und ihr Lehrer keine ideale Beziehung zueinander hatten. Ihre Tochter habe sensibel auf den Druck reagiert, und Swenjas Widerstand habe ihre schulischen Leistungen negativ beeinflusst. Marion erwartete, durch die größeren Freiräume, die ein Neusprachliches Gymnasium versprach, dass sich Swenjas Wissensdrang, den sie immer wieder gespürt hatte, besser entfalten würde. An Swenjas Begabung hatte sie sowieso keinen Zweifel.

Frieder bekam Marions kritischen Blick selten zu spüren. Jetzt aber erkannte er ihn deutlich. Marion sah die Sache völlig anders als er. Sie kämpfte mit sich: »Wie sehr konnte sie sich gegen seine Meinung stellen?« Sie war es nicht gewohnt, Frieders Entscheidungen anzuzweifeln, weil er ein ruhiger, besonnener Mensch war und seine Vorstellungen sich in der Regel mit den ihren deckten.

Diesmal musste Marion Farbe bekennen:

»Ich widerspreche dir selten, aber hier muss ich es tun. Es geht um Swenjas Zukunft. Ich weiß, sie hat immer dann gute Leistungen gezeigt, wenn sie ihren Rhythmus selbst bestimmen und die Aufgabe mitgestalten konnte. Erinnere dich an ihre freiwillige Hausarbeit über die Mülltrennung. Da hat sie Bilder aus der Zeitung ausgeschnitten und ein Plakat gestaltet, das selbst dich verblüfft hat. Swenja ist kreativ, wach und interessiert. Nach allem, was ich über das Neusprachliche Gymnasium erfahren habe, herrscht dort ein Lernklima, das Swenja fördern wird, und außerdem glaube ich, dass die Realschule ähnlich wenig Freiräume gewährt wie ihr alter Klassenlehrer, der mit ihrem Freiheitsdrang nicht gut zurecht kam.«

Frieder konterte sofort: »Willst du es auf deine Kappe nehmen, wenn sie im Gymnasium versagt, *ich* möchte ihr diese Blamage ersparen!«

Marion erschrak für einen Moment, sie spürte auf einmal die große Verantwortung. Wenn ihre Einschätzung nicht zuträfe, wäre sie schuld an einer falschen Entscheidung. Mit Frieders massiver Gegenreaktion hatte sie nicht gerechnet, doch sie hielt dagegen. Swenjas Wege in die Berufswelt würden eingeschränkt, das spürte sie deutlich, also widersprach sie: »Erstens ist ein Wechsel zur Realschule, falls sie es wirklich nicht schaffen sollte, kein Beinbruch. Und zweitens bin ich felsenfest davon überzeugt, dass Swenja aufblühen und bessere Noten haben wird als jetzt!«

Marion war sich sicher. Sie kannte ihre Tochter viel besser als ihr Mann. Und sie hatte entschieden: Hier würde sie nicht nachgeben. Es stand einfach zu viel für Swenja auf dem Spiel. Ihr kategorischer Schlusssatz: »Ja, ich nehme es auf meine Kappe!«

Als Marion mir ihre Geschichte erzählte, war sie immer noch überrascht über den Rollenwechsel und ihre Standfestigkeit. Dass sie sich mit Nachdruck gegen ihren Mann stellte, war bisher selten geschehen. Vielleicht wären manche Dinge, die leidlich funktioniert hatten, besser gelaufen, wenn sie Stellung bezogen hätte. Sie war nicht mehr sicher, ob ihre alte Zurückhaltung wirklich gut war, denn ihr wurde klar, dass sie selten hundertprozentig mit den Entscheidungen ihres Mannes einverstanden gewesen war.

Marions Beispiel ist typisch. Frauen schreiten heute selbstverständlich ein, wenn sie große Fehler erkennen, schreiendes

Unrecht oder offensichtliche Dummheiten. Doch bei den vermeintlichen Kleinigkeiten sind sie zurückhaltend. Es sind die entschuldbaren Nachlässigkeiten, die kleinen Fehler oder die verständliche Ich-Bezogenheit anderer, die sie geschehen lassen. Sie überlegen nicht lange, welche Folgen sie damit gleichzeitig in Kauf nehmen. Sie wollen kein Aufhebens von scheinbaren Nichtigkeiten machen. Schließlich ahnen sie nur, dass es nicht die besten Lösungen sind.

Viele Frauen spekulieren noch nicht einmal darüber, wie sie selbst entscheiden würden. Dass hier Leichtfertigkeit mitschwingt, verdrängen sie geflissentlich. Schon der kleine innere Widerspruch sollte warnen und der Anstoß sein, genau hinzuschauen. Denn ohne deutliche Schieflage entstehen keine Zweifel – auch keine kleinen. Jede Frau, die ihr schwaches Unbehagen ernst nimmt, der Irritation auf den Grund geht, erkennt schnell, wie wichtig ihre Korrektur ist.

Was Swenjas schulische Entwicklung anging, hatte Marion richtig gelegen. Swenja fühlte sich wohl in ihrer neuen Schule. Sie wurde ernst genommen, das gab ihr Auftrieb und schlug sich in den Leistungen nieder.

Für Marion war es ein deutliches Zeichen: »Ich werde mich jetzt weiter *einmischen*!« Kaum ausgesprochen spürte sie den kleinen Denkfehler: »Das darf nicht wahr sein! – Es kann doch nur darum gehen, dass ich mein Leben, die Zukunft meines Kindes und unser Familienleben *mitbestimme,* das hat mit ›einmischen‹ nichts zu tun.« Gerade noch die Kurve bekommen! Aller Anfang ist schwer.

Marion ist aus dem Schatten ihres Mannes herausgetreten. Sie nimmt ihre eigene Meinung ernst und vertritt sie kämpferisch. Sie ist bereit, die Konsequenzen in Kauf zu nehmen und die Verantwortung zu tragen.

Zum ersten Mal konnte Marion sich selbst eingestehen, dass ihr Mann oft falsch lag. Das war ein markanter Einschnitt. Wenn sie früher merkte, dass ihre Meinung von Frieders abwich, glaubte sie, eigentlich hätten beide recht. Für jede Meinung gäbe es Für und Wider. Sie zog daraus den Schluss, sie könne also auch Frieders Meinung gelten lassen. Sie fand nichts dabei, seinen Argumenten zu folgen. Wenn jede Ansicht ihr Gutes hätte, wäre es richtiger, am gleichen Strang zu ziehen, statt einen Streit vom Zaun zu brechen.

➤ **Zu oft habe ich von Frauen den Satz gehört: »Seine Meinung klang auch vernünftig, seine Argumente waren auch nicht von der Hand zu weisen. Es kann doch nicht darum gehen, selbst Recht zu behalten.«**
**So lauten die Argumente der Selbstzweifler.**
**Sie haben *mit gutem Grund* eine eigene Vorstellung. Sie sind nicht durch Zufall zu Ihrer Einschätzung gekommen, in Ihrem Inneren gibt es starke Argumente für Ihre Ideen. Sie haben sie bisher nur noch nicht hervorgeholt.**
**Aber, wenn Sie Ihre Überzeugung verraten, wenn Sie Ihre Ideen dem Wunsch nach Harmonie opfern, steigt die Gefahr, das eigene Profil zu verlieren und »gesichtslos« zu werden.**
**Drehen Sie den Spieß um.**
**Wenn zwei Meinungen gleichberechtigt erscheinen, dann gibt es nur einen Weg: Sie vertreten vehement *Ihren* Standpunkt. Nur wenn Sie *Ihre* Vorstellung verwirklichen, wird sich *Ihr* Selbstwertgefühl verbessern. Ihre Selbstachtung wird wachsen. Sie haben lange genug Demut bewiesen! Und mit einiger Sicherheit erweist sich Ihre Einschätzung schließlich als die brauchbarere Lösung.**

### Anpassen bis zur Unkenntlichkeit?

Manche Frauen leben im Windschatten. Auf den ersten Blick ist der Platz nicht schlecht. Das Leben scheint einfacher und benötigt weniger Energie. Man übernimmt die Meinung eines anderen – das entlastet. Wer es durchhält, lebt *äußerlich* konfliktfrei und hat die Verantwortung weitgehend abgegeben.

Auf den zweiten Blick stellt sich allerdings die Frage: Wie kräftezehrend ist es, den inneren Widerspruch auszuhalten, der unweigerlich entsteht, wenn Frauen sich selbst verleugnen?

Sie passen sich nahezu bedingungslos an, verlieren ihre Ideen und Interessen aus dem Auge, werden hilflos und apathisch. Eine abwärts gerichtete Spirale ist in Gang gesetzt. Das merkt die Frau im Windschatten spät. Das Selbstwertgefühl ist lädiert. Das eigene Profil ist verwaschen. Wer keine eigene Meinung mehr vertritt, ist zur Marionette geworden. Eine Gefahr, in der immer noch zu viele Frauen schweben.

Eine Frau drückte es so aus: »Ich hatte das Gefühl, zu schrumpfen, mit jedem zustimmenden Kopfnicken, das eigentlich Resignation spiegelte und Selbstaufgabe, wurde ich ein Stück kleiner. Wäre es so weitergegangen, hätte ich meine Selbstachtung vollends verloren, mich am Ende aufgelöst.«

**Der Windschatten ist nur für eines gut: Er ist die ideale Position, um Anlauf zum Überholen zu nehmen.**


## Ich kriege, was ich will

Tagtäglich sehe ich weibliche Cleverness und Klugheit. Oft muss ich Frauen allerdings regelrecht nötigen, ihre Fähigkeiten zu sehen.

Claire war es gelungen, eine zwei Jahre alte Lederjacke erfolgreich zu reklamieren. Ihre Jacke hatte an einigen Stellen die Farbe verloren. Ich hörte ihr neugierig zu und ließ mir alles haarklein erzählen. Sie hatte nicht mit einem Erfolg gerechnet, obwohl sie sich total im Recht fühlte. Eigentlich wollte sie den Leuten im Geschäft nur zeigen, wie fragwürdig die verkaufte Qualität war.

Als sie das Geschäft betrat, bediente die Inhaberin zwei Kundinnen. Claire erwog kurz, die anderen Kunden als Druckmittel zu benutzen, das erschien ihr aber dann als ungeschickt. Sie entschied, zu warten. Sobald sie mit der Ladenbesitzerin allein war, beschrieb sie ihr Anliegen. Auf die Jacke habe sie längere Zeit gespart, sie stets geschont und lediglich zu besonderen Anlässen getragen. Die Jacke sei teuer gewesen, und die Qualität stehe in keinem Verhältnis zum Preis, erklärte Claire. Sie wusste natürlich, dass sie nach zwei Jahren *juristisch* kein Recht auf einen Umtausch hatte. Sie spürte jedoch, dass die schlechte Qualität der Ware der Frau unangenehm war. Claire zeigte ihre Enttäuschung und unterstrich, dass in einem Fachgeschäft der Kunde in einem solchen Fall mit Kulanz rechnen dürfte. Beiläufig berichtete sie von Freundinnen, die mit ihren Einkäufen in diesem Laden bisher zufrieden waren.

Die Inhaberin stimmte Claire zu: »So darf diese Jacke nach zwei Jahren einfach nicht aussehen, suchen Sie sich doch bitte eine neue aus.«

Claire ist keine taffe Geschäftsfrau. Sie ist 64, und Sie würden ihr solches Verhandlungsgeschick nicht ohne weiteres zutrauen. Sie selbst sah den Erfolg als Glück und als das Produkt ihrer »Sonntagslaune« an diesem Tag. Doch dieses Understatement war keinesfalls berechtigt.

Ich analysiere als Trainerin und Beraterin ausführlich die Fähigkeiten, die Menschen benötigen, um in Konflikten erfolgreich zu bestehen, und ich sehe wesentlich differenzierter als Claire, welche ihrer Fähigkeiten sie erfolgreich einbrachte.

Sie verstand es, intelligent Druck auszuüben, ohne allzu große Drohgebärden oder Aggression aufzubauen. Sie zeigte Flexibilität, als sie in Sekundenbruchteilen ihre Strategie wechselte. Vor dem Gespräch hatte sie gehofft, andere Kunden wären anwesend, aber als sie die Besitzerin sah, ihre Stimmung und die Situation genau vor Augen hatte, wechselte Claire spontan die Taktik. Sie spielte mit der Eitelkeit der Chefin und filterte deren Schwachstellen heraus. Sie beharrte auf ihrer Forderung, ohne scharfe Konfrontation. Sie erlaubte ihrer Gesprächspartnerin, das Gesicht zu wahren. Und sicher war ein weiterer Baustein ihres Erfolgs der unerschütterliche Glaube, mit ihrem Anliegen im Recht zu sein. Es fiel ihr leicht, ihr Gegenüber weniger als Kontrahentin denn als Verhandlungspartnerin zu sehen.

Claire hat mit Fingerspitzengefühl weit mehr als ihr Ziel erreicht. Ihr Erfolg erwuchs aus ihren (unerkannten) Talenten.

Diese Fähigkeiten schlummern in fast allen Frauen. Selbst in solchen, von denen weder andere noch sie selbst wissen, wie geschickt sie agieren, wenn sie ihren spontanen Impulsen folgen. Oft werden sie täglich eingesetzt, ohne bewusst wahrgenommen zu werden. Hier bleibt eine innere Schranke geschlossen, weil das Gefühl »Ich bin gut« nicht recht zum weiblichen Selbstbild von Bescheidenheit und Zurückhaltung passt.

**Was war *Ihre* clevere Aktion?**

**Durchforschen Sie Ihren Alltag: Wann hatten Sie den zündenden Gedanken, wie die begehrte Wohnung zu ergattern wäre? Wann hatten Sie den guten Riecher für die richtige Strategie, einen anderen zu überzeugen? Wann hatten Sie die ausschlaggebende Idee, die das Geschäftsmeeting, das zu scheitern drohte, gerettet hat?**

**Ich frage dies viele Frauen. Manchmal muss ich geduldig schieben, aber in jedem Gespräch gibt es letztendlich eine positive Reaktion auf die Frage »Was hast du in den letzten Wochen clever angefangen?«**

### Aha-Momente

Manchmal öffnet uns ein Geistesblitz die Augen, und wir erkennen, wie kompetent wir sind.

Ines und Mark planten mit Sohn Florian (14) einen Campingurlaub. Florian war begeistert. Zelten, das wollte er schon immer, am liebsten mit seinem besten Freund.

Mark aber war strikt dagegen: Camping ja, fremdes Kind nein. Erstens wollte er nicht die Verantwortung für ein fremdes

Kind tragen, und zweitens sollte es ein richtiger Familienurlaub werden. Endlich würde er mal Zeit mit seinem Sohn haben, und das, fand er, war lange überfällig, denn sie hatten wirklich kaum noch etwas miteinander zu tun.

Vor Ines' Augen lief ein gänzlich anderer Film ab. Zu Dritt im Zelt, ein gelangweilter Vierzehnjähriger, Zank ohne Ende.

Ines war besorgt. Wie sollte sie ihrem Mann verständlich machen, welche Probleme sie auf sie alle zukommen sah, wenn sie ohne Florians Freund verreisen würden?

»Eigentlich war es eine Verzweiflungstat, als ich meinen Mann bat, mir doch einmal zu schildern, wie wir einen beliebigen Urlaubstag, seiner Vorstellung nach, verbringen würden! Ich wollte nur herausfinden, welche konkreten Erwartungen *er* hat, bevor ich ihm meine Befürchtungen mitteilen würde.« Dass er sich Illusionen machte, damit hatte sie gerechnet, wie sehr er mit seiner Phantasie einer Familienidylle falsch lag, das hatte sie nicht erwartet.

Ihr Mann malte sich in schillernden Farben aus, wie er mit Florian Sandburgen bauen und Museen besuchen würde. Abends wollte er Mensch-ärgere-Dich-nicht spielen. Irgendwie war es ihm entgangen, dass der letzte gemeinsame Urlaub vier Jahre zurück lag. Er hatte nicht mitbekommen, dass Florian heute lieber mit seinen Freunden Musik hörte, am Computer spielte, in der Eisdiele herumlungerte und coole Sprüche klopfte. Dabei hatte Mark sich noch letzte Woche mit Flo gestritten, weil er sich ständig irgendwo herumtrieb, »statt mal zu Hause zu bleiben und zu lesen«.

Ines konnte es einfach nicht fassen. War Mark wirklich so weltfremd, was Florians Freizeitbedürfnisse und Interessen betraf?

»Erinnere dich bitte an den letzten Krach mit ihm über die laute Musik in seinem Zimmer!«

»Im Urlaub ist das anders, da sind seine Freunde nicht dabei, und er wird das machen, was wir machen!«

Glaubte Mark wirklich, Florian wäre noch immer der schlaksige, verspielte, kleine Kerl, der vor vier Jahren fröhlich jeden

Berg erkletterte, weil wir ihm versprachen, auf der Hütte dürfe er soviel Eis essen, wie er wolle?

Ines war entsetzt. Der Urlaub würde das schiere Fiasko werden, wenn Mark nicht begriff, dass Florian jetzt vierzehn war, den Stimmbruch hinter sich und Mädchen im Kopf hatte. Es konnte doch einfach nicht sein, dass er nicht zur Kenntnis genommen hatte, dass sein Sohn vier Jahre älter geworden war. Ines hatte niemals erwartet, dass ihr Mann so wenig Vorstellungskraft und Einfühlung besaß. Wie konnte Mark derart naiv sein? Mit einem Schlag wurde sie gelassen, denn Dutzende von kleinen Szenen tauchten vor ihr auf und erinnerten sie an Situationen, in denen ihr Mann letztlich weltfremde, unrealistische, fast kindische Vorstellungen vertreten hatte. Es war ihr bisher nie wirklich aufgefallen. Sie hatte ihn mit ein paar kleinen Sätzen korrigiert, und er war ihren Argumenten oft gefolgt. Doch ihr war eines nicht bewusst geworden: Ihr Mann hatte noch nie eine soziale Situation wirklich erfasst oder richtig eingeschätzt. Sie schüttelte den Kopf: »Du hast einfach keine Ahnung!«

»Aber Drachen steigen lassen, das macht ihm bestimmt noch Spaß!« Ines konnte fast schon wieder lachen: Mark hatte wirklich keinen blassen Dunst, was Jungen in Florians Alter anging. Es gab keinen Grund, sich über ihn zu ärgern, es wurde nur Zeit, dass *sie* begriff: *Ich* muss diese Entscheidungen treffen. Mark ist damit völlig überfordert. Florians Freund würde mitfahren.

Mark war ziemlich pikiert, so kannte er Ines nicht. Doch er schien auch erleichtert: Ines hatte das Heft in die Hand genommen, und sie würde die Verantwortung tragen. Letztlich war er sich seiner Sache gar nicht so sicher. Er wusste wirklich nicht, was er mit Florian unternehmen sollte. Seine Ideen vom Sandburgen bauen und von Museumsbesuchen waren aus der Not geborene Wunschträume. Das ahnte er.

»Es ist verrückt, welcher Konflikt mich erkennen ließ, dass mein Mann zwar intelligent und beruflich extrem erfolgreich

ist, aber ein sozialer Abc-Schütze.« Mark in sozialen Fragen
– zu Recht – als Schüler zu sehen, steigerte Ines' Selbstachtung. »Es war ein starkes Gefühl, *meine* Kompetenz zu erkennen!«

Viele solcher Aha-Momente habe ich miterlebt. Beim genau-
en Hinsehen wird jede Frau ihre Pluspunkte sehen und feststellen: Ich habe einen Vorsprung, ich bin im Vorteil, oder sogar, ich bin die wirkliche Macherin.

**Zögern Sie keinen Augenblick, speichern Sie das verän-
derte Image dauerhaft. Machen Sie es sich ganz zu Eigen.
Rufen Sie dieses Wissen immer wieder ab, jeden Tag. Es
darf keine Eintagsfliege bleiben.**


### Frauen zerschlagen Gordische Knoten

Wenn ich von weiblichem Verhandlungsgeschick erzähle, fällt
mir immer eine fast unglaubliche Geschichte ein.

Zwei Möbelhäuser wollten stärker zusammenarbeiten. Beide
hatten ihre Verkaufsräume in der Hauptstraße von Marienberg, einer Kleinstadt. Die Geschäftsführer waren von den
Gründerfamilien eingestellt worden, gehörten aber nicht zur
Familie. Sie sollten die letzten Details besprechen. Die Eigentümer hatten jeweils ihren Anwalt gebeten, die Gespräche zu
begleiten.

Rapider Kundenschwund und Umsatzeinbußen zwangen zur
Kooperation. Die Idee war, gemeinsame regelmäßige Beilagen in überregionalen Zeitungen zu schalten. Die Kosten sollten geteilt werden. Man war sich über die Schaltfrequenz und
den Slogan »Möbelstadt Marienberg« einig. Auf locker skiz-
zierten Möbeln sollten hübsche Menschen in Fotoqualität ein-
geklickt werden und für beide Firmen werben.

Die Namen sollten links und rechts neben dem Slogan plat-
ziert werden, die Anschriften der beiden Häuser in der Unter-
zeile.

Die Konferenz schien reine Formsache, man war sich im

Grunde einig. Die Verträge lagen unterschriftsreif vor, es fehlte lediglich ein scheinbar nebensächliches Detail: Welche Firma würde ihren Namen in die linke obere Ecke der Beilagen setzen dürfen, welche müsste die rechte Ecke akzeptieren. Der Graphiker hatte dringend geraten, die Kopfzeile in allen Anzeigen gleich zu gestalten, um potenzielle Kunden nicht zu verwirren. Darin waren sich auch die beiden Geschäftsführer noch einig. Keine Einigkeit herrschte leider bei der Platzierung der Namen. Jeder reklamierte für seine Firma die obere *linke* Ecke. Beide wussten: Dort erzielte der Name die größte Aufmerksamkeit. Es entbrannte ein heftiger Streit. – Kein Kompromiss war in Sicht. Jeder Geschäftsführer befürchtete, seinem Chef nicht erklären zu können, wieso sein Firmenname auf der schlechteren Position gelandet sei. Es gab kein Argument, warum einer der beiden den schlechteren Werbeplatz übernehmen sollte. Andere Bezahlungsquoten, größere oder kleinere Flächen, Verzicht auf die Namen der Häuser und eine Menge andere Vorschläge brachten keine Einigung. Die Sache war verfahren, dabei war bisher alles so gut gelaufen. Am Ende waren sich alle Anwesenden nur noch in einem Punkt einig: Ohne ein Wunder würden die Verhandlungen scheitern.

Hannah war die Assistentin eines Geschäftsführers. Sie war Quereinsteigerin. Nach einem betriebswirtschaftlichen Studium und acht Jahren Kinderpause arbeitete sie seit drei Jahren in dieser Position. Der Geschäftsführer schätzte ihre Qualitäten, besonders bei Verhandlungen mit Lieferanten. Und die Kollegen beneideten sie um ihr gutes Händchen im Verkauf.

Hannah hielt sich während der Gespräche anfangs zurück. Sie hatte den Gordischen Knoten vorhergesehen und wartete gelassen, bis sie sicher war, dass die Gespräche vor dem Abbruch standen. Dann stand sie auf und bat alle Beteiligten um fünf Minuten Gehör.

In einer nüchternen Analyse schilderte sie den Anwesenden,

dass beide Möbelhäuser unterhalb der kritischen Einkaufs-masse lagen, dass keines der Häuser überleben werde, und dass dieser Streit um die Anzeige nur deutlich mache, dass eine so gestaltete Kooperation immer neue Konflikte herauf-beschwören musste. Sie halte ein ein Zusammenlegen der bei-den Firmen für die einzig zukunftsträchtige Lösung.

Sie sah dabei auch ihre Chance: Unumwunden erklärte sie sich bereit, mit den Eigentümern Gespräche zu führen. Sie war sich sicher, sie würde erreichen, dass die beiden Firmen zu-sammengelegt würden. Das werde die Arbeitsplätze sichern und Kosten reduzieren. Sie bot an, die Verschmelzung und die spätere Zusammenarbeit zu koordinieren. Sie schilderte, wie sie sich eine Differenzierung des Angebots vorstellte, und wie sie neue Schwerpunkte im jeweiligen Haus setzen wolle. Sie betonte: »Diese Veränderungen werden unsere Marktposition erheblich verbessern.«

Hannah hatte den Konflikt kommen sehen, sich genau erkun-digt, wie die Eigentümer die Geschäftslage einschätzten. Sie ahnte, dass ihre Strategie aufgehen würde.

Die zwei Geschäftsführer waren von diesem Coup dermaßen überrascht, dass sie nur verdutzt zusehen konnten, wie sie mit einem großen Schritt überrundet wurden. Keiner zweifelte daran, dass Hannah Recht hatte. Und irgendwie trauten ihr beide zu, die Karre aus dem Dreck zu ziehen. Zu allem Über-fluss war einer der Rechtsanwälte ein enger Vertrauter eines Besitzers und von Hannahs Vortrag und Konzept derart beein-druckt, dass er seine anwaltliche Zurückhaltung aufgab und erklärte, er würde seinem Mandanten mitteilen, dass er ihr Konzept für schlüssig halte. Auch der zweite Anwalt nickte zustimmend, auch er würde Hannahs Vorschlag unterstützen.

Innerhalb von drei Wochen hatte sie die Eigentümer zusam-mengeführt, die Gründung einer gemeinsamen Gesellschaft ausgehandelt, einen neuen Firmennamen kreiert und mit den Banken über einen erheblichen Kredit verhandelt, der die Anlaufkosten decken würde. Sie wurde alleinige Geschäftsführerin der Marienberg Möbel GmbH und brachte das Kunststück fertig, auch die alten Geschäftsführer als Filialleiter in der Firma zu halten. Seitdem wächst die Firma beständig.

Das ist weibliches Verhandlungsgeschick.

Hannah wusste im entscheidenden Moment genau, wovon sie sprach. Ihr Vortrag galt letztlich nur den beiden Rechtsanwälten. Die Geschäftsführer bestätigten fast ungewollt, aber sachverständig Hannahs Bewertungen. Sie verschaffte sich so Gehör und Ansehen bei denen, die großen Einfluss auf die Eigentümer hatten und sicherte sich deren Unterstützung. Darüber hinaus band sie die Geschäftsführer, die einzigen möglichen Verlierer, mit ein. Diese mussten erkennen, dass sie das Rennen verloren hatten, doch nicht ausgebootet waren. Das wohlwollende Nicken der Anwälte macht es ihnen unmöglich, Hannah zu stoppen.

So sieht weiblicher Mut aus:

Hannah hatte gezielt Informationen zusammentragen. Sie konnte abwarten, bis der richtige Zeitpunkt gekommen war. Sie besaß präzise Vorstellungen, kalkulierte das Risiko genau. *Und handelte dann beherzt.*

Der Rest war Routine: Zügig verhandeln. Selbst Verantwortung übernehmen. Den Nutzen herausstellen. Gefahren des Hinauszögerns bewusst machen. Die Notwendigkeit zu handeln unterstreichen.

Dass selbst Topmanager diese Spielregeln nicht unbedingt beherrschen, zeigen gescheiterte Fusionen der letzten Jahre in der Wirtschaft.

**Der Vorsprung**

Hannahs Coup war außergewöhnlich, aber die Bausteine ihres Erfolgs stammen aus dem Kernbereich des weiblichen Vorsprungs.

Wir schätzen oft die Verfassung und die Gemütslage der Beteiligten richtig ein. Wir sehen schnell, wohin sich die Stimmungswaage neigt. Wir können ehrlich vertreten, für alle das Beste zu wollen, denn andere zu besiegen, bedeutet uns relativ wenig. Wenn wir einen Menschen kennen, fällt es uns meist leicht, vorherzusagen, was er unter bestimmten Umständen tun wird.

Unsere Fähigkeit, Menschen zu überzeugen, umfasst eine breite Palette: Wir können schmeicheln, drohen, mitreißen. Wir finden schneller die passenden Worte, hören viel leichter den Unterton, der uns warnt oder ermuntert, mit unserer Strategie fortzufahren.

Hannah spürte in dem Moment, als sie aufstand und die ersten Worte gesprochen hatte, die Erleichterung der Geschäftsführer und die unausgesprochene Akzeptanz der Rechtsanwälte. Vielen Frauen fällt es leicht, schon am Blick zu erkennen, ob ein Gesprächspartner ihnen gewogen ist.

Hannah hatte kein vorher festgelegtes Manuskript abgespult. Sie reagierte flexibel und spontan auf Veränderungen. Viele Frauen sind in der Lage, in Bruchteilen von Sekunden die Grundstimmung ihrer Botschaft zu wechseln. Allein mit unserer Stimme können wir Zuhörern Anspannung nehmen, während wir gleichzeitig konzentriert über ein kontroverses Thema sprechen. Wir sind in der Lage, mit unserem Blick zu besänftigen, oder falls es nötig sein sollte, genauso wirkungsvoll zu drohen.

In einem Punkt weicht Hannah von den weiblichen Standards ab. Hannah ist ehrgeizig und freut sich darauf, Verantwortung zu übernehmen, sie besitzt einen ausgeprägten Gestaltungswillen. Wenn sie die Chance sieht, ein griffiges Konzept zu verwirklichen, mobilisiert sie alle Energien. Sie hat richtigen Spaß daran, ihre Ideen machtvoll umzusetzen.

## Frauen verhandeln geschickter

Auch in den Gesprächen mit den Eigentümern zeigte Hannah weibliches Talent. Es fiel ihr leicht, ihr Vertrauen zu gewinnen. Sie sprach klar über ihre eigenen Interessen und ihren

Wunsch, die Herausforderung, die in dieser Aufgabe steckte, selbständig zu bewältigen. Sie analysierte nüchtern und leitete die zu erwartenden Verbesserungen nur aus dieser Analyse ab. Die Eigentümer hatten mit ihren Möbelhäusern in den letzten Jahren nur Minus gemacht und sich intensiv mit dem Gedanken beschäftigt, ihre Läden zu schließen, bevor sie endgültig Pleite gehen würden.

Doch diese Frau strahlte eine Kraft aus, die sie bei den Geschäftsführern so nicht erlebt hatten. Ihr trauten sie zu, die Firmen zusammenzuschweißen. Hannahs gelassene Art und ihr Vorschlag für die Konstruktion der neuen Gesellschaft überzeugten sie.

Hannah erkannte bei vielen indirekten Fragen die dahinter verborgenen Sorgen. Ihre Antworten bezogen diese Bedenken gezielt ein.

Die letzten Zweifel wurden ausgeräumt, als Hannah ohne Zögern einwilligte, mindestens fünf weitere Jahre in der Firma zu bleiben. Hannahs Signal, die volle Verantwortung zu übernehmen, war für die Eigentümer eine wesentliche Voraussetzung, die weit greifenden Veränderungen in Angriff zu nehmen, denn Hannah war der Dreh- und Angelpunkt des Projekts geworden.

Auch wenn es überraschend klingt: Führungskräfte mit genau diesem Können werden gesucht. In teuren Seminaren werden meist männlichen, aber auch weiblichen Teilnehmern die Bausteine sozialer Kompetenz vermittelt.

Frauen sind besonders dann die geeigneten Führungskräfte, wenn es darum geht, ein Team zusammenzustellen, die Motivation und die Arbeitsmoral hoch zu halten, Gespräche in Gang zu bringen. Sie erkennen erste Warnsignale, bevor etwas schief läuft. Sie reagieren unmittelbar auf Stimmungsschwankungen und haben ein feines Gespür, wer mit wem und wer gegen wen arbeitet.

## Müssen Frauen Mut haben, um besser zu sein?

Vor kurzem sprach ich mit einer Personalchefin über die Schwierigkeiten von Abteilungsleitern, wenn sie beurteilen müssen, ob ein Bewerber oder eine Bewerberin in die Arbeitsgruppe hineinpaßt, für die sie oder er ausgesucht wurde.

Viele männliche Abteilungsleiter, so berichtete sie, waren kaum in der Lage, hier eine sinnvolle Entscheidung zu treffen. Sie selbst wusste von den einzelnen Teams nicht besonders viel, aber ihre Prognosen trafen in 90 % der Fälle zu. Viele männliche Vorgesetzte lagen mit ihren Einschätzungen nahezu immer falsch. Von Kandidaten, die gegen den Rat der Personalchefin eingestellt wurden, überstanden 60 % die Probezeit nicht. Normalerweise lag diese Quote unter 10 %.

Diese Personalchefin hatte ein Gespür für die Mitglieder einer Arbeitsgruppe, obwohl sie diese kaum kannte. Sie hatte ein Bild von den Menschen, die dort zusammenarbeiteten, kannte manche kollektive Marotte. Sie wusste, ob die Mitglieder einer Abteilung zu den Spaßvögeln gehören, die sich gegenseitig heftig auf die Schippe nahmen, Akten versteckten und immer einen Grund zu feiern fanden, oder ob es eine sehr leistungsorientierte Abteilung war, in der es alle vorzogen, hart zu arbeiten, und fast ausschließlich fachliche Gespräche führten. Eine Gruppe nannte sie Blumenkinder, weil sie ihre Büros in eine kleine botanische Raritätensammlung verwandelt hatten. Dann gab es den Männerclub, in dem es noch keine weibliche Angestellte länger ausgehalten hatte, und es gab die Trimm-Gemeinschaft, die Bilder von Triathlonveranstaltungen an die Wände heftete und gemeinsame Radtouren auf Mallorca veranstaltete.

Vielen Vorgesetzten fehlt hier die nötige Einfühlung. Um herauszufinden, wer am besten wohin paßt, muss man sich einerseits in den Bewerber und andererseits in die Eigenart und die besondere Mischung einer Abteilung hineindenken. Bei den Abteilungsleitern zählte häufig entweder allein die Qualifikation eines Bewerbers oder ihre Sympathie oder Antipathie war – uneingestanden – ausschlaggebend.

Diese Männer waren keinesfalls weniger intelligent oder unaufgeschlossen. Ihr Defizit: Sie nahmen nur mangelhaft wahr, welche soziale Persönlichkeit der Kandidat besaß. Sie konnten schlecht beurteilen, welches Naturell ein Bewerber besaß, und ob er mit den zukünftigen Kollegen harmonieren würde oder ob es wahrscheinlich zu Konflikten käme.

**Immer wenn Menschen miteinander reden, verhandeln oder einen Konsens suchen, sind Frauen einen Tick besser.**

Unsere sozialen Fähigkeiten nutzen uns nicht nur, wenn wir etwas umtauschen wollen, sie helfen uns auch, wenn wir uns bewerben, wenn wir Leute kennen lernen wollen, wenn wir eine Auskunft oder das Fachwissen eines Spezialisten benötigen. Die Liste ist endlos. Wir Frauen besitzen das entscheidende Quäntchen mehr an sozialer Kompetenz. Leider ist uns das zu selten bewusst, oder wir erkennen den Wert dieser Eigenschaft nicht an, weil sie uns als selbstverständlich erscheint.

▶ **Sie zweifeln daran? Sie sind unsicher, ob Sie diese Qualitäten besitzen? Sie wollen wissen, wie Sie Ihre Fähigkeiten erkennen?**

**Sie erkennen sie immer dann, wenn andere Menschen bereit sind, etwas in Ihrem Sinne oder für Sie zu tun. Wenn andere gern mit Ihnen zusammen sind, wenn sie Ihnen zuhören, Ihre Meinung schätzen, wenn Sie jemanden anderen zum Handeln bewegen können.**

Die Jungs in der U-Bahn haben das getan, was die junge Mutter wollte, obwohl sie sicher etwas anderes im Sinn hatten. Die Ladeninhaberin akzeptierte die Reklamation. Und selbst die beiden Firmenbesitzer taten letztlich, was Hannah ihnen vorschlug.

**Wenn andere auf Ihren Rat hören, wenn Sie jemanden vor einem Fehler bewahren, wenn Sie Konflikte entschärfen, aber auch wenn Sie jemanden trösten oder beschwichtigen, greifen Sie auf Ihr soziales Know-how zurück.**

## Noch mehr Frauenvorteile

Weibliche Erfolge im kommunikativen Feld sind Beispiele aus einem von vielen Bereichen, in denen es einen weiblichen Vorsprung gibt. Und bestimmt wollen Sie wissen, worauf das Frauen-Plus in diesen Bereichen genau beruht.

### Was die Wissenschaft heute weiß

Die Frage, ob Männer klüger als Frauen sind, oder umgekehrt, hat die Wissenschaftler lange Zeit beschäftigt. Heute lässt sich einigermaßen gesichert sagen, dass die intellektuellen Unterschiede unbedeutend sind. Es gibt einen kleinen Vorsprung von Frauen, was die verbalen Fähigkeiten betrifft, zum Beispiel die Fähigkeit, Assoziationen zu Worten zu finden, oder Reime zu bilden. Männer liegen vorn, wenn es um räumliches Vorstellungsvermögen geht.

Doch es gibt andere Fähigkeiten, die gängige Intelligenztests nicht erfassen, die dennoch eine große Rolle spielen, wenn es darum geht, wie ein Mensch sich im Leben zurecht findet. Sie liegen im Bereich der sozialen, emotionalen und intuitiven Intelligenz. Sie zeigen sich dort, wo es um lebenspraktische Dinge geht und der gesunde Menschenverstand gefragt ist.

### Wie Frauen wahrnehmen

Frauen scheinen ihre Umgebung permanent nach Informationen abzusuchen. Sie empfangen und analysieren ständig Input aus ihrem Umfeld:

Bereits mit einer Woche sind Mädchen in der Lage, die Stimme ihrer Mutter zu erkennen. Jungen können dies erst Wochen später. Und dieser Vorsprung bleibt bestehen. Frauen hören nicht nur besser, sondern sie können auch Geräusche sicherer unterscheiden und Kategorien zuordnen. Sie können eher bestimmen: das sind Kindergeräusche, Straßenverkehr, Handwerkerlärm oder Tiergeräusche.

Frauen können leichter als Männer mit jemandem reden und gleichzeitig einem Gespräch anderer folgen. Frauen nehmen unterschiedliche Tonlagen und Veränderungen in der Stimme wahr. Sie erkennen emotionale Veränderungen und Stimmungswechsel bei ihrem Gegenüber. Sie spüren die Botschaft, die im Klang der Stimme mitschwingt.

Männer haben im Bereich der Sinneswahrnehmung nur in einem Gebiet einen Vorsprung: Sie erkennen besser, aus welcher Richtung ein Geräusch kommt.

## Wie Frauen denken

Es gibt einen physiologischen Unterschied in der Art, wie das männliche und das weibliche Gehirn reagieren. Wenn Frauen über etwas nachdenken, werden deutlich mehr und zum Teil andere Gehirnregionen angesprochen als bei Männern.[2]

Untersuchungen lieferten Indizien für die seit einiger Zeit diskutierte Hypothese, dass Frauen eine stärker ausgeprägte Fähigkeit besitzen, Details in einen größeren Zusammenhang zu stellen. Also eine bestimmte Erfahrung mit mehreren ähnlich gelagerten zu verknüpfen.

Bitte stellen Sie sich diese Fähigkeit nicht als die große Überlegenheit des weiblichen Denkens gegenüber dem männlichen Denken vor, denn um Denken im strengeren Sinn geht es nicht. Diese Verknüpfungen geschehen, ohne dass unser Bewusstsein eingeschaltet wird, ohne dass wir uns gedanklich den Auftrag geben. Es sind unbewusste Verkettungen, von denen Frauen profitieren.

Wer sucht, der findet (nicht immer). Wenn mein Mann etwas vermisst und mich um Hilfe bittet, bin in der Regel ich diejenige, die das Gesuchte findet, obwohl er schon das Unterste zuoberst gekehrt hat. Oft sogar dort, wo ich schlussendlich fündig werde.

Weil es uns beide irritierte, begannen wir, uns gegenseitig unsere Suchtechnik zu erklären. Mein Mann sucht den Schlüssel. Er überlegt, wo er ihn zuletzt gesehen oder benutzt hat. Oft schaut er zwei-, dreimal an der selben Stelle nach. Ich suche nach den optischen Mustern: silbern (das Material), kleine Zacken (die Form des Schlüssels), rot durchscheinend, matt (der Schlüsselanhänger). Und: Ich bin überzeugt, er befindet sich in diesem Zimmer.

Selbst wenn mein Mann mit meiner Technik sucht, wird er kaum besser. Die Suchmethode zu kennen, reicht offensichtlich nicht aus.

**Kennen Sie diese Muster? Finden Sie Verlorenes schneller als Ihr Partner? Wahrscheinlich haben Sie sich diesen Unterschied bisher anders erklärt, männliche Bequemlichkeit unterstellt oder Nachlässigkeit. – Und sich geärgert. Das mag alles zusammenkommen. Entscheidend jedoch ist: Hier begegnen Sie einem weiblichen Vorsprung. Leider sind wir kaum darauf geeicht, unser deutliches Plus anzuerkennen und wichtig zu nehmen.**

**Sie halten »*suchen und finden können*« nicht für eine so bedeutungsvolle Fähigkeit?**

**Unsere Wahrnehmung wird durch unseren Verstand organisiert, Suchmuster sind komplexe geistige Leistungen. Sie sind letztlich auch eine Art Intelligenzbeweis, der über Lebenstüchtigkeit mehr Rückschlüsse erlaubt als viele Tests, bei denen Sie lediglich richtig oder falsch ankreuzen.**

Eine Postkarte aus England amüsierte mich:

Hinter jeder erfolgreichen Frau steht ein Mann und fragt: »Wo sind meine Socken?« – Stimmt!

Mag sein, dass SIE die Socken schneller findet. Doch die Klügere weiß: Nicht alles, was SIE besser kann, muss sie auch *tun*. Lassen Sie IHN die Socken suchen, wenn er sie vermisst. Früher oder später wird er sie finden.

## Netzdenken statt Schrittdenken

Helen Fisher[3], eine angesehene, amerikanische Anthropologin, ist die bekannteste Verfechterin des neuen weiblichen Selbstbewusstseins. Sie sieht viele Männer eingeengt durch ihr »lineares, abzählendes Denken und Handeln«, und sie setzt das vernetzte, viel schnellere »geistige Verschalten« von Frauen dagegen.

Wenn Frauen und Männer vor einem Problem stehen, dann ist die Menge der Lösungen, die Frauen finden, größer – solange wir uns nicht verheddern, durch Stimmungen, Ängste, größere Selbstzweifel, tiefe Zu- oder Abneigung.

Wir haben meistens mehr Vorschläge, wie man ein Wochenende verbringen könnte, welcher Mensch in einer bestimmten Fragestellung weiterhelfen kann, wie jemand umgestimmt werden könnte, und wir wissen eher, wann eine Beziehung zu Ende ist. Aber wir wissen auch, wie eine festgefahrene Verhandlung wieder in Fahrt kommt, und welche Produktidee die größten Marktchancen hat.

Frauen im Beruf beklagen sich immer wieder über die geringe Flexibilität ihrer Chefs und männlichen Kollegen. Jola beschwerte sich: »Während mir fünf weitere Lösungen einfallen, suchten die Kollegen im Meeting noch den Haken in meinem ersten Vorschlag, den ich selbst längst verworfen hatte.«

Kati meint ironisch: »Es kam mir vor, als wären wir ein Langstreckenrennen gelaufen und die Männer, obwohl sie überrundet waren, hielten sich beim Zieleinlauf für die Sieger.«

»Und das Schlimmste war«, fand Maike, »sie brauchten ewig, bis sie begriffen, worauf ich hinaus wollte. Die Frauen in unserer Gruppe verstanden mich sofort.«

Spannend für mich ist, dass alle drei Frauen die männlichen Defizite erkannten, aber nicht die eigene Überlegenheit. Selbst diese cleveren, jungen Frauen in anspruchsvollen Jobs zogen leider nicht den Schluss, sich noch stärker für ihre Sache einzusetzen, geschweige denn, sich für eine Führungsposition ins Spiel zu bringen. Sie resignieren, sie geben auf, kapitulieren vor der stoischen Langsamkeit der Männer.

Die Sturheit der langsamen Denker verhindert die Führung der kreativen vielschichtigen Denkerinnen.

**Wenn Sie erkennen: Der eigene Vorschlag berücksichtigt mehr Facetten, Ihre Lösung passt genauer auf die Ausgangssituation, dann darf Nachgeben kein Thema mehr sein. Beharrliches Kneten und Ziehen der trägen Masse Mann ist die einzig wirksame Strategie.**

**Setzen Sie Ihre Zähigkeit gegen seine Trägheit.**

Helen Fisher bringt es auf folgende Formel: Frauen denken stärker im Kontext und beachten deutlich mehr Ebenen. Sie denken ganzheitlich.[4] Ihr Lob auf die weibliche Denkart beschreibt es präzise: »Frauen zeigen mehr mentale Flexibilität. Sie nehmen auch intuitiv Wertungen vor, und sie haben eine stärkere Tendenz zu langfristigen Planungen.«

Und vielleicht das Wichtigste von allem: Frauen verarbeiten mehr Details. »Frauen nähern sich geschäftlichen Fragen von einer breiteren Seite als ihre männlichen Kollegen. Sie tendieren dazu, mehr Informationen zu sammeln, sie gewichten bei Entscheidungen mehr Variablen, betrachten mehr mögliche Ergebnisse, beziehen unterschiedliche Standpunkte ein und sehen mehr alternative Vorgehensweisen. Frauen können Gegensätze besser integrieren, wahrscheinlich, weil sie mehr Faktoren betrachten, die bei einer Fragestellung beachtet werden können.«[5]

Tina besitzt ein sehr gut laufendes Reformhaus. Sie hat sich als Franchise-Nehmerin einer Kette angeschlossen und schult ihre Mitarbeiter regelmäßig in Gesundheits- und Verkaufsfragen. Sie lebt mit und für ihr Geschäft. Sie ist ein energiegeladener, fröhlicher Mensch, der es versteht zu leben und Spaß zu haben.

Und sie besitzt weibliche Weitsicht. Sie kalkulierte rechtzeitig ein, dass der Franchise-Geber ihr in einigen Jahren weniger großzügige Konditionen einräumen wird und die Arbeit vielleicht ein wenig langweilig geworden sein könnte. Dies war ihr Anlass genug, ein zweites Standbein aufzubauen.

Voller Elan entwirft sie ein pfiffiges Ladenkonzept für Kerzen, Düfte und Raumschmuck verbunden mit edlen Kaffeekreationen und feinen Snacks. An einem stets gefeuerten Kamin soll eine besondere Atmosphäre entstehen. »Kaufen mit allen Sinnen«, so hat sie es ausgedrückt, »ein Laden, den man gern betritt, in dem man verweilt und sich verzaubern lässt.«

Als ihr günstige Geschäftsräume in guter Lage angeboten werden, greift sie beherzt zu. »Eigentlich wollte ich noch etwas Gärzeit für mein Konzept, aber eine gute Chance darf man sich nicht entgehen lassen!«

Nach einem harten Jahr Planungs- und Einrichtungszeit wird ihr Laden bei der Eröffnung von Kunden belagert. Ihre Kalkulation ist aufgegangen. Die Besucher schätzen die ungewöhnlichen Anregungen und die heimelige Stimmung am Kamin.

Lothar ist das männliche Gegenstück zu Tina.

Er besaß ebenfalls einen Laden für elegante Geschenke und Wohnausstattung. Auch er war ständig auf der Suche nach neuen Produkten. Er besuchte regelmäßig Messen, führte in seinem Geschäft viele der mondänen Neuheiten, die gutbetuchte Kundschaft anlocken sollte. Aber sein Laden warf immer weniger Gewinn ab. Am Ende blieb ihm keine Wahl, er musste schließen.

Ich habe mich lange gefragt, was unterscheidet Tina von Lothar? Auf den ersten Blick haben sie die gleiche Basis. In Tinas neuem Geschäft überschneiden sich die Produkte sogar mit seinen.

Lothar war zufrieden damit, jeweils das Neueste, das er auf Messen entdeckt hatte, anzubieten. Er wollte kein belastendes Kleingeschäft (Kaffee, Snacks etc.), keine »kostenfressenden Ausstattungen« (wie den Kamin), keine »schwülstige Duftstimmung« in seinen Räumen: »Die Leute sollen einfach nur kaufen.«

Es ist immer schwierig, Menschen mit ihren Einschätzungen und Grundeinstellungen zu vergleichen, doch bei den beiden war die geschäftliche Situation weitgehend ähnlich.

Tina hat neue Strömungen kreativ auf ihre Vorstellungen von einem schönen Laden übertragen. Sie kauft fast nur Produkte ein, die ihr selbst gefallen und arrangiert ihre »schönen Dinge« regelmäßig neu, »weil es mir Spaß macht, sie in immer neuen Zusammenstellungen zu zeigen. Ich nehme sie einfach gern in die Hand.«

Lothar hat solches Engagement nie entwickelt. »Ich habe Preise so kalkuliert, dass ich immer etwas günstiger anbieten kann als die Konkurrenz. Das ist es, was die Kundschaft interessiert. – Natürlich müssen Produkte perfekt präsentiert werden, aber ich kann nicht jede Woche alles umräumen. Ich will auch noch ein paar Stunden am Tag etwas anderes sehen als teure Rührgeräte.«

Tinas Konzept ist anders: Liebe zu den Produkten, die Freude sie zu zeigen, sich selbst immer wieder in die Rolle der Kunden versetzen: Diese genauso zu behandeln, wie man selbst gern behandelt würde. Ideen aufgreifen und mit Augenmaß auf die eigenen Gegebenheiten übertragen. Kunden mit Respekt und Freundlichkeit begegnen, auch wenn sie schrullig sind. – Für mich sind das die Wege, die Frauen gehen.

Und gerade das bringen die meisten Männer nicht fertig. Sie sehen ihre Arbeit als Job, als Broterwerb oder nutzen sie als Möglichkeit, sich zu profilieren. Vielleicht können sie sich in die technischen Details einer Fotokamera verlieben und sie aus tiefem Herzen anpreisen. Doch Kunden in den Mittelpunkt stellen, das fällt Männern schwer.

Lange habe ich mir anhören müssen, das wäre so, weil Frauen gerne (be-)dienen. Heute höre ich bei solchen Ausreden nicht mehr zu, weil Männer damit lediglich ihr fehlendes Engagement kaschieren wollen.

Frauen sind besser, weil sie einen Bereich in allen seinen Nuancen stärker durchdringen. Sie erkennen die feinen Verästelungen, weil sie sich innerlich tiefer in die Materie hineinbegeben. Sie wollen *auch für sich*, dass zum Beispiel die Dinge, die sie verkaufen, in einer schönen, wohlriechenden, einladenden Umgebung wirken.

Tina will schon bei der Arbeit Spaß haben. Lothar letztlich nur Geld verdienen, um sich später mehr Spaß kaufen zu können.

**Erkennen Sie Ihr Engagement, Ihre Freude an der Arbeit, Ihr Geschick, Ihren einfühlsamen Umgang mit Menschen, Ihr Kommunikationstalent und Ihr tiefes Verständnis für eine Aufgabe.**

**Lassen Sie sich Ihre Talente von niemandem schlecht reden: Nicht zum Dienen, zum Handeln sind Sie geboren und zum Spaß haben.**

### Auch Männer haben gute Seiten

Männer können ihre Aufmerksamkeit stärker auf einen Punkt konzentrieren. Stellen Sie einem Mann, der in sein Hobby vertieft ist, eine Frage, und Sie wissen, was ich meine.

Wenn er überhaupt wahrnimmt, dass Sie ihn angesprochen haben, wirkt er wie jemand, der gerade von weit her zurückkommt; er braucht einige Zeit, sich zu orientieren.

Es mag für manche Frau schwer zu akzeptieren sein, aber: solches Verhalten hat wenig mit Desinteresse oder gar Gefühlskälte zu tun. Männer sind, will man es negativ ausdrücken, weniger reaktionsbereit. Oder will man es positiv beschreiben: Männer fokussieren stärker. Es ist, ohne Frage, ein Talent, sich so vertiefen zu können, dass alles andere in den Hintergrund tritt.

Männer sind zwar in der Lage – besser als Frauen –, ihre Konzentration auf einen Sachverhalt zu richten, doch der Nachteil ist: Es fällt ihnen erheblich schwerer, ihre Aufmerksamkeit auf mehrere Facetten gleichzeitig zu verteilen. Nicht nur die Konzentration, auch das Denken von Männern gehorcht diesem linearen Prinzip.

Helen Fisher nennt diese männliche Denkweise »Schritt-Denken« im Vergleich zum weiblichen »Netz-Denken«.

Stehen Männer vor einem Problem, »fokussieren« sie die unmittelbar erkennbare Schwierigkeit, ohne die Frage in einen größeren Zusammenhang zu stellen. Wenn Fakten nicht unmittelbar als zum Problem gehörig erkannt werden können, sind Männer geneigt, darauf zu verzichten, sie genauer zu betrachten.[6] Danach arbeiten Männer geradlinig, an Ursachen orientiert, einem Ziel zu: der Lösung. Nebensächliches (wenn es gelegentlich auch nur scheinbar nebensächlich ist) wird in der Regel aussortiert.


Alena und Gordon hatten einen schweren Schicksalsschlag zu verkraften. Ihre Tochter Jessica wurde mit dem Down-Syndrom geboren. Sie richteten sich mit der Behinderung ein, sie lieben ihr Kind. Sie haben sie in einer Integrativen Schule angemeldet und fördern sie, wo sie können. Jessica war 16 Jahre alt, als Gordon vorschlug, ein neues Haus zu kaufen. Für Jessica sollte dort ein eigener Bereich vorgesehen werden, fast eine Einliegerwohnung.

Gordon begann mit der Planung. Er sah einen eigenen Eingang für Jessica vor, sie sollte sich selbständig fühlen. Er dachte sogar an eine kleine Küche, mit einer eigenen Waschmaschine.

Alena war es nicht wohl bei dem Gedanken, Jessica ein Leben lang zu gängeln. Für sie war ihre Tochter: »Ein Mensch, wie jeder andere, der lediglich etwas langsamer denkt.«

Beide wussten, dass Jessica gern mit ihren Freunden aus der Down-Selbsthilfegruppe zusammen war. Es hatten sich echte Bindungen entwickelt, und Jessica hatte freudig gejuchzt, als sie erfuhr, dass es Wohngemeinschaften »für solche wie uns« gab. Gordon konnte sich diese Möglichkeit für Jessica jedoch nicht vorstellen. Alena war sich unsicher. Sie trug diese Wohnidee lange mit sich herum. Sie wusste nicht, ob sie Jessica zumuten könnte, weitgehend ohne ihre Eltern auszukommen, denn abschieben wollte sie ihre Tochter auf keinen Fall.

In dem Augenblick, als Gordon begann, Pläne zu entwerfen, wurde Alena deutlich, dass er es absolut nicht in Betracht zog, Jessica in einer Down-Wohngemeinschaft wohnen zu lassen, auch später nicht, wenn sie älter wäre – obwohl er das Modell des »beschützten Wohnens« prinzipiell gut fand.

Alena sah Jessica alleine in ihrem »Räumchen« sitzen. Sie sorgte sich, dass Jessica in ihrer Einliegerwohnung vereinsamen würde, denn sie wusste, dass sie als Eltern die Freunde nie ersetzen könnten.

Auf der anderen Seite stellte sie sich vor, wie Jessica mit ihren Kameraden zusammen in der Wohngemeinschaft leben würde, mit kleinen Katastrophen, viel Lachen und einer fröhlichen Grundstimmung. Sie sah Jessica immer selbständiger werden und immer mehr Dinge allein regeln. Alena wusste, dass sogar eine Art Berufstätigkeit für ihre Tochter möglich wäre.

Jessica würde nie einen Führerschein haben. Das neue Haus läge aber verkehrstechnisch ungünstig. Die Wohngemeinschaften dagegen liegen zentral, mit einem Supermarkt in der Nähe und einem kurzen Fußweg in die Innenstadt.

Und Alena dachte daran, was aus Jessica würde, wenn sie und Gordon nicht mehr lebten. Ohne eine solche Wohngemeinschaft käme sicher nur ein Heim in Frage.

Gordon plante das »maximal gesicherte Leben« für Jessica.

Alena dachte weiter. Sie sah Jessicas Lebensfreude, ihre stetige Entwicklung zu mehr Selbständigkeit, ihre wachsenden sozialen Verbindungen, ihre größtmögliche gesellschaftliche Integration und Jessicas Recht auf Unabhängigkeit.

Sie sah Jessica Spiele unter Gleichen spielen und »in echt«

gewinnen. Nicht wie bei Papa, der sie fast immer gewinnen ließ.

Gordon arbeitete die Probleme, die er auf seine Familie zukommen sah, Schritt für Schritt ab. Er suchte für Jessica die optimale Lebensmöglichkeit, aber er schaute nicht konsequent in die Breite und in die Zukunft. Wie durch einen schmalen Spalt sah er nur einen kleineren Ausschnitt des Lösungshorizontes. Er konnte letztlich nur die nächsten möglichen oder notwendigen Schritte sehen und er zog nicht ernsthaft in Betracht, dass sein Kind sich weiterentwickeln würde. Alena fühlte ganz selbstverständlich, was Jessica langfristig fördern würde und wie sie sich in den nächsten 10 Jahren verändern könnte.

**Je einfacher und begrenzter eine Aufgabe ist, umso sinnvoller kann der eindimensionale männliche Weg sein, an die Suche nach einer Lösung heranzugehen.**

**Allerdings: Je komplexer, vielschichtiger, mehrdimensionaler ein Problem ist, umso sicherer wird der weibliche Ansatz überlegen sein.**

### Denken in Schubladen

Menschen organisieren ihr Wissen in »Blöcken«[7]. Sie sammeln über einen bestimmten Gegenstand oder Sachverhalt immer mehr Wissen: Über Krankheiten, über das Schachspielen, über das Börsengeschehen, über Reaktionen von anderen Menschen und sich selbst. Zum Beispiel bei bestimmten Gefühlen wie Trauer oder Schmerz.

Wir speichern alle Äußerungen von Trauer, die wir bei Menschen erlebt und beobachtet haben. Damit wächst unsere Fähigkeit, Trauer aus immer kleineren Hinweisen zu entschlüsseln.

So besitzt jeder eine Schublade für alles, was er mit »Predigt« verbindet: Bestimmte Worte, Satzmelodien, Tonlagen, Sprechrhythmen, gedämpfte Schwankungen der Lautstärke, eine weiche Art, Töne zu modellieren. Und deshalb erkennt fast jeder von uns: »Jetzt bin ich beim ›Wort zum Sonntag‹ gelandet!« Zufällig haben Sie – beim Zappen – einen oder zwei Sätze aufgeschnappt, ganz aus dem Zusammenhang gerissen. Auch wenn es keine religiöse Sendung ist, spüren wir doch sofort, hier sollen wir eingewickelt, zugetextet, scheinmoralisch geködert werden.

Unser gesamtes Wissen wird im Kopf in ein Netz, das hunderte von Ebenen besitzt, eingeknüpft. Das weibliche Netz hat mehr Verbindungen und engere Maschen als das männliche.

Wir stellen fortwährend neue Querverbindungen her, gruppieren so Themen und verschachteln sie ineinander. Wir organisieren sie in komplex verzweigten Geflechten. Solche Schubladen, wissenschaftlich heißen sie Cluster, lassen sich ab einer gewissen Komplexität nicht mehr umfassend sprachlich oder graphisch darstellen.

Nehmen wir an, ein bestimmter Mensch spricht von »Enttäuschung«. In diesem Moment werden – unbewusst – in Windeseile eine Vielzahl von möglichen Verknüpfungen bereitgestellt:

Wir schätzen ab, wie belastend die Enttäuschung für den Sprecher ist. Wir prüfen, wie stark er uns mit seiner Stimmung ansprechen will. Wir versuchen herauszufinden, welche Erwartung er an uns richtet. Wir entscheiden, ob wir seiner Stimmung etwas entgegensetzen können und wollen. Wir filtern heraus, mit welcher Tendenz wir antworten und wägen ab, ob unsere ins Auge gefassten Reaktionen sozial opportun, der Situation und dem Menschen angemessen sind. Nebenbei haben wir unsere eigenen Gefühle befragt: Wir wissen, ob wir ähnlich oder ganz anders empfinden würden.

Wir reagieren mit einem Satz, einer Geste, einem Gesichtsausdruck, einer Berührung. Nur wenige Hundertstelsekunden sind verstrichen. Kein einziger dieser Prozesse ist uns bewusst geworden, und wenn wir genauer hinsehen, lassen sich ein Dutzend weitere, wichtige, aber unbewusste Abwägungen entschlüsseln.

Und genauso rasant filtern wir aus verschiedenen Lösungswegen einen bestimmten heraus. Wir wissen, wie wir jemanden aufheitern können oder ablenken. Wir entscheiden, welche Färbung wir unserer Stimme geben, welche Gesten wir benutzen. Nichts davon dringt in unser Bewusstsein. Wir sehen die Enttäuschung, fühlen je nach Verbundenheit stärker oder schwächer mit. Alles sind Prozesse, die wir nur unterschwellig vollziehen. Das einzige, was in unseren Gedanken aufblitzt: »Was soll ich ihm/ihr sagen, wie kann ich ihn/sie trösten.«

Doch im Hinterkopf sind bereits vielfältige Alternativen bereitgestellt. Nur eine kleine Auswahl wird uns bewusst, und zwischen diesen wählen wir gezielt aus. Kaum jemand ahnt, wie vielfältig die Basis für unsere Reaktionen angelegt ist. Und die meisten Frauen wissen nicht, welchen großen Vorteil sie gegenüber Männern haben, denn die haben nur zu einem kleineren Teil ihrer vernetzten Erinnerungen und Handlungsmuster unmittelbaren Zugang.

**Das Handikap: Wie groß dieser Vorsprung auch sein mag, wir können ihn nicht einfach in Zahlen messen. Letztendlich erleben Frauen nie direkt, wie viel besser sie vernetzen. Keine Stoppuhr, kein Maßband kann uns beweisen, wie ungeheuer gut wir sind.**

Das Beispiel »Enttäuschung« macht den Zugang zu diesen Gedanken anschaulich. Unsere Fähigkeit zu vernetzen gilt für alle Lebensbereiche. Bei der Enttäuschung eines anderen, also im sozialen Bereich, können Frauen ihren Vorsprung leichter nachvollziehen. Doch unser Vorsprung besteht genauso in Fragen der Technik, der Wissenschaft oder beim Börsengeschehen:

**Haben Männer und Frauen einen ähnlichen Wissenspool, wird eine Frau schneller und mehr Verknüpfungen mobilisieren. Sobald wir Wissen zu einem konkreten Sachverhalt abrufen, stellt unsere größere Fähigkeit zu vernetzen,**

**uns mehr Verbindungen zur Verfügung als einem durch-
schnittlichen Mann.**

Frauen öffnen eine »Schublade« und erkennen mit einem Blick,
was sie enthält. Für Männer ist dies schwieriger, sie müssen oft
jedes Teil einzeln »Stück für Stück in die Hand nehmen«, um
zu wissen, was alles in dieser Schublade verborgen ist.

## Das macht uns stark

Frauen nehmen in der Regel soziale, aber auch räumliche Veränderungen präziser wahr als Männer. Wir sehen einfach mehr
Dinge, und wir speichern sie. Wenn ein Mann und eine Frau
für kurze Zeit in einen Raum geführt werden und wenig später
den gleichen Raum wieder betreten, wird in der Regel die Frau
eine größere Anzahl der Veränderungen erkennen, die während ihrer Abwesenheit vorgenommen wurden.

Dieser Unterschied zwischen Männern und Frauen ist so deutlich, dass er in verschiedenen Tests bestätigt werden konnte.
Wird Frauen und Männern ein Blatt mit vielen verschiedenen
Gegenständen gezeigt und nach einiger Zeit eine veränderte
Version vorgelegt, erkennen Frauen regelmäßig mehr Veränderungen.[8] Wahrscheinlich repräsentiert das geistige Bild, das
wir uns von diesem Papier – und von vielen anderen Dingen –
einprägen, genauer und differenzierter die Wirklichkeit als das
Bild, das sich Männer einprägen.

Selbst mathematische Kettenaufgaben lösen Frauen etwas
schneller als Männer. Wir sind in der Lage, schneller ein Zwi-
schenergebnis zu speichern. Auch hier hilft uns der bessere
Kurzzeitspeicher. Vermutlich gibt es auch einen Vorteil im
Langzeitspeicher.

Auch wenn Sie glauben, in diesem Bereich weniger gut zu
sein, begegnet Ihnen hier vermutlich weibliche Selbstunter-
schätzung. Denn: Wahrscheinlich sind Sie besser als ein
durchschnittlicher Mann, auch wenn Sie es im Moment nicht
glauben wollen.

Wir verbinden neues Wissen mit mehr altem Wissen, so entsteht in unserem Kopf das dichtere Netz. Wir aktivieren, wenn wir uns erinnern, eine größere Anzahl von Verknüpfungen als Männer, das ist unser Vorteil. Unser weibliches Gehirn kann bei jedem Lernvorgang mehr Details und Aspekte aufnehmen und verarbeiten, ohne dass wir uns besonders anstrengen müssen.

## Das Netz der Gefühle

Auch unsere Gefühle sind in dieses Netz von Verknüpfungen eingewoben. Es gibt kein Bild, keinen Gedanken, kein Wissen, keine Handlung, keine Erinnerung ohne eine emotionale Färbung. Wir wissen bei allem, was wir erleben, sehen oder erzählt bekommen, ob es uns zumindest ein bisschen gefällt, ob wir eher skeptisch sind oder uns sogar langweilen. Es gibt kein neutrales Erleben. Das ist bei Männern und Frauen gleich. Die neuesten Forschungen lassen vermuten, dass jedes Gefühl auch mit einem körperlichen Empfinden korrespondiert, mit einer körperlichen Reaktion zusammenspielt. Es gibt kein Gefühl ohne eine – wenn auch minimale – körperliche Mitreaktion.[9] Manche Forscher gehen sogar so weit zu sagen, dass erst die körperliche Reaktion die emotionale Reaktion »erschafft«: Wenn Sie zum Beispiel Widerwillen erleben, spüren Sie eine Tendenz zurückzuweichen. Wenn Sie Wut empfinden, spannt sich sicher auch Ihr Magen an. Angst ist mit trockenem Mund verbunden. Freundliche Gefühle sind mit weiter geöffneten Pupillen verknüpft.

Wir betrachten heute Gefühl, Verstand und Körper als eine unlösbare Verbindung.

Stimmungen werden unterschwellig ausgelöst: Wir sehen einen blauen Himmel und unsere Stimmung hebt sich, bei einer traurigen Melodie senkt sie sich. Wir riechen gerösteten Kaffee und der eine gerät in Arbeitsstimmung, der andere bekommt Frühstückshunger.

Ein Geräusch, ein Geruch, eine Farbe, ein Gegenstand, ein

Sinneseindruck, eine Information oder eine Frage, alles ist mit einer emotionalen Tönung verflochten.

Diese emotionalen Färbungen liefern die Basis unserer Intuition.

## Welchen Sinn haben Gefühle?

Gefühle sind der schnellste Weg, Umweltreize zu verarbeiten. Sprechen wir von Gefühlen, fallen uns normalerweise zuerst die starken Emotionen wie Liebe, Hass, Freude oder Trauer ein.

Doch Gefühle sind mehr. Diejenigen, die uns permanent begleiten, nehmen wir kaum wahr. Wir registrieren sie nur in wenigen Fällen, wenn wir in einer guten Stimmung sind. Eine leichte Anspannung oder unsere Gelassenheit nehmen wir selten bewusst wahr.

Unsere Emotionen sind der älteste Versuch der Natur, eine äußere Situation in möglichst kurzer Zeit zu bewerten. Auch wir sind ein Produkt der Evolution. Ein Grund mehr, sich mit der Frage zu befassen, woher unsere Emotionen stammen, was sie ausmachen und welche Bedeutung sie heute haben.

Unsere Vorfahren vor Millionen Jahren mussten »wissen«, ob ein anderes Wesen ihnen freundlich oder feindlich gesonnen war. Und es war wichtig zu erkennen, in welcher Stimmung ein Artgenosse sich näherte. Solche Einschätzungen waren überlebenswichtig.

Unsere heutigen spontanen Emotionen sind die Überreste dieses Millionen Jahre dauernden Anpassungsprozesses.

Reflexartig springen wir zur Seite, wenn ein Bus plötzlich auf uns zukommt, und spüren erst danach den Schrecken. Automatisch heben wir abwehrend den Arm, wenn etwas auf uns herabfällt. Solche Reaktionen schützen uns heute noch, genauso wie in Urzeiten. Sie sind die Überbleibsel der archaischen Anfänge unserer heutigen Emotionen.

Wir lächeln zurück, wenn wir ein freundliches Gesicht erkennen. Auch wir empfinden einen Anklang von Trauer, wenn wir jemanden weinen sehen. Jemand reißt die Augen weit auf, öffnet ruckartig den Mund: Unmittelbar wissen wir, dieser Mensch hat sich gerade erschrocken.

**Frauen nehmen ihre Gefühle und die Gefühle anderer viel sensibler wahr als Männer. Frauen spüren körperliche Signale deutlich, sie sind offen für die kleinen Hinweise der Seele.**

### Frauen fühlen den entscheidenden Tick genauer

Der Weg, auf dem wir zu einer gefühlsmäßigen Beurteilung kommen, ist sehr verschwommen. Es ist unmöglich, detailliert jeden Schritt dorthin nachzuvollziehen und zu erklären.

Frauen geraten deshalb häufig in die Not, sich für ein vermeintlich schnelles Urteil oder eine spontane Wertung rechtfertigen zu müssen. Doch selbst wenn wir Zeit und Argumente für eine Einschätzung haben, sind es doch die Bauchgefühle, die den Ausschlag geben, und wir würden am liebsten sagen: »Ich glaube das aus dem Bauch heraus. Mein Gefühl sagt, dass das irgendwie das Richtige ist.« Letztlich liefern Bauchgefühle die wesentlichen Bausteine der weiblichen Intuition. Leider ist es fast unmöglich in einer Runde von Männern mit einer solchen Begründung einen Stich zu machen. Diese Argumentation gilt als unsolide. Ein Mann will wissen, auf welchen Annahmen eine Wertung beruht, wie sich die verschiedenen Gesichtspunkte zueinander verhalten, welche Fakten in eine Meinung einfließen. Alles andere verunsichert ihn. Männer haben natürlich auch Bauchgefühle, aber sie können wenig mit ihnen anfangen. Und sie geben sich in einer vergleichbaren Situation sehr große Mühe, ihre emotionale Bewertung durch viele rationale Argumente zu untermauern und so in ihren Augen aufzuwerten.

## Vielleicht nicht logisch, aber richtig

Frauen fühlen sich, wenn eine emotionale Bewertung den Ausschlag gab, wie nach dem Irrweg durch ein Labyrinth. »Es war mir nicht möglich, genau zu sagen, wie und warum ich dort herausgekommen bin, ich wusste nur, diese Richtung ist richtig.«

Es ist ein wenig so wie bei einer guten Soße, sicher lassen sich einige Zutaten herausschmecken, aber genau zu sagen, welche Ingredienzien den Geschmack ausmachen, ist für jemanden, der die Zutaten nicht kennt, unmöglich.

Es ist wie bei einem Jongleur. Er könnte exakt beschreiben, wie er die Bälle wirft, aber seine genaueste Erklärung würde uns nie und nimmer in die Lage versetzen, auch nur drei Bälle annähernd so elegant durch die Luft fliegen zu lassen wie er.

**Es wird Zeit, dass wir aufhören, uns für »nicht logisches Denken« zu entschuldigen. Wir müssen endlich zu unserer Intuition, zu unseren Bauchgefühlen stehen.**

Wahrscheinlich lässt sich dann sogar wirksamer erklären, wie wir unsere intuitiven Bälle kreisen lassen. Und einem Mann, der seine Intuition weniger gebraucht, fällt es vielleicht leichter zu lernen. Möglicherweise muss er ähnlich lange in die Lehre gehen, wie jeder, der übt, fünf Bälle gleichzeitig durch die Luft fliegen zu lassen.

### Auch Frauen haben Probleme mit Emotionen

– aber anders, als man glaubt. Obwohl Frauen oft den guten intuitiven Riecher haben, schenken sie den Signalen zu wenig Aufmerksamkeit. In der Regel fällt es ihnen schwer, genau zu sagen, was sie entdeckt haben, worauf sie ihre Meinung stützen. Da ist Elaine, die merkt, ihr Vorgesetzter nimmt sie nicht ernst, als sie ihn bittet, darauf zu achten, dass das allgemeine Rauchverbot eingehalten wird. Er verspricht zwar, der

Sache nachzugehen, aber sie ahnt: »Alles nur Augenwischerei.« Würde sie behaupten, das Zucken eines Mundwinkels oder die kleine Handbewegung seien ein Indiz für ihren Zweifel, käme sie auch vor sich selbst in Rechtfertigungsprobleme. Sie würde stottern, zumindest ins Stocken geraten, wenn man sie nötigte zu erklären, weshalb sie glaubt, nicht ernst genommen zu werden. Doch schon diese kleinen Zeichen und Gesten lassen eine Haltung deutlich sichtbar werden. Eine herablassende Handbewegung oder ein zuckender Mundwinkel führen uns auf die richtige Spur.

Eine verunsicherte Frau, die genau spürt, was vor sich geht, aber es nicht wagt, ihrer Wahrnehmung zu glauben, gerät in die Gefahr, sich zu verzetteln mit der verzweifelten Suche nach einer sachlichen Bestätigung.

> **Wenn Sie *spüren*, dass etwas anders ist, als es dargestellt wird, dann wagen Sie es, Ihrem Gespür zu vertrauen. In aller Regel trügt Ihr Gefühl Sie weniger, als man Ihnen einreden will. Es ist wahrscheinlicher, dass Sie eingewickelt werden sollen, als dass Sie sich selbst etwas vormachen.**

**Sie sind *nicht* unsicher, weil Sie etwas anderes fühlen, als man Sie glauben machen will. Sie sind unsicher, weil Sie anderen mehr Glauben schenken als sich selbst.**

**Sie können stur darauf bestehen, dass Ihre emotionalen Zweifel ernst genommen werden. Nur wenn Ihre Bedenken überzeugend ausgeräumt sind, macht ein weiterer Dialog Sinn.**

**Ohne Vertrauen bleibt jede Absprache leeres Gerede.**

**Bleiben Sie im Zweifel bei Ihrem Misstrauen, seien Sie auf der Hut bei vorgeschobener Sachlichkeit.**

# Vertrauen ist gut, Skepsis ist besser

Frauen sind »nachtragender« als Männer.[10] Sie trennen Gefühl und Geschäft weniger gut. Während Männer nach einer beruflichen Konfrontation noch ein Bier zusammen trinken können, bleiben viele Frauen auf emotionaler Distanz.

Eine befreundete Rechtsanwältin erzählte:»Wenn zwei Anwälte vor Gericht heftig gestritten haben, kann man sie trotzdem wenig später in der Kantine fröhlich zusammen plaudern sehen. Bei Rechtsanwältinnen ist das häufig anders. Jede stürmt in eine andere Richtung davon.«

Manchmal erscheint mir solche Distanz als zu empfindlich, aber oft ist sie ehrlicher, denn das gemeinsame Bier deckt die Konflikte zu. Der Friede täuscht. Frauen nehmen sich mehr Zeit, Spannungen in Ruhe abklingen zu lassen. Sie machen aus ihrem Herzen keine Mördergrube. Am nächsten Tag haben sie dann vielleicht wirklich Lust, mit der Kontrahentin auch wieder ein Bier zu trinken. Bei den Anwälten gehört es zum Ritual der Stärke: Man lässt sich keine Schwäche, keine Erregung anmerken.

Männer scheinen leichter berufliche Auseinandersetzung von persönlichen Antipathien zu trennen. Hinzu kommt, dass ein beleidigter Rückzug das Ansehen deutlich schwächen würde. Eine emotionale Distanz bleibt bei Frauen länger bestehen, und sie ist schlechter aufzulösen. Wenn Frauen verletzt wurden oder erfahren mussten, dass sie jemandem fälschlicherweise vertraut haben, sind sie wesentlich länger vorsichtig als Männer. Auch wenn wir verziehen haben, bleiben wir auf der Hut.

> ➤ **Akzeptieren Sie Ihr Misstrauen. Es ist richtiger skeptisch zu sein, als betrogen zu werden. Immer wenn Sie JA zu etwas sagen, sollten Sie es aus tiefer Überzeugung tun können. Jede halbherzige Zustimmung birgt die Gefahr, falsch entschieden zu haben oder hinter-**

**gangen zu werden. Die Distanz, die sich aus einer später entdeckten Täuschung entwickelt, schadet einer Beziehung deutlich mehr als Ihre klare Vorsicht. Ganz abgesehen davon, dass Ihre Kontrolle einen Betrug schwieriger macht.**

**Vertrauen ist gut, Skepsis ist besser. Wenn wir unangenehme Dinge, zum Beispiel unser Misstrauen, sofort aussprechen, stärken wir die Qualität einer Verbindung. Beruflich wie privat gilt: Kontakte und Bindungen, die solche Konfrontation nicht überstehen, haben wenig Wert.**

Auch Tiere sind »nachtragend«, wie an Primaten nachgewiesen wurde. Wird ein Affenweibchen von einem anderen getäuscht, hält die Distanzreaktion länger an als bei männlichen Tieren. Helen Fisher glaubt, weibliche Tiere müssten in ihrem Verhalten vorsichtiger sein. So jedenfalls erklärt sie die Unterschiede im »Nachtragen«. Der Fehler eines Muttertieres kann für Jungtiere verhängnisvoll sein. Das weibliche Tier ist stärker auf Verbündete angewiesen, es kann sich nicht viele falsche Einschätzungen erlauben. Schließlich zieht es den Nachwuchs groß und sichert so den Erhalt der Art.

Ähnliches gilt in der menschlichen Gesellschaft. Frauen suchen und benötigen mehr Sicherheit in ihren Beziehungen. Auch heute sind Frauen, wenn sie sich um ein kleines Kind kümmern müssen, auf Verbündete angewiesen.

Vor Urzeiten war für Frauen dieser prinzipielle Unterschied zu Männern noch gravierender. Es gab keine zuverlässige Geburtenkontrolle. Es gab keine sozialen Sicherungssysteme.

Diese besonderen, deutlich anderen Lebensbedingungen von Frauen machen es verständlich, dass es für sie extrem wichtig war, ihre Empathie zu kultivieren. Menschenkenntnis war überlebenswichtig, sie mussten abschätzen, ob sie einem Menschen trauen konnten oder nicht. Davon profitieren wir auch heute noch.

## Frauen-Plus: Empathie

Die eigenen körperlichen und emotionalen Empfindungen liefern die Grundlage unserer Empathie. Nur wer sensibel erlebt, was in ihm vorgeht, besitzt eine gute Basis, die Stimmung und die Absichten anderer zu erahnen.[11] Wir erleben, wie andere handeln, und spüren gleichzeitig die eigene emotionale Reaktion. Aus diesem Wechselspiel erwächst unsere Menschenkenntnis. Doch erst die sichere Verbindung zu unserer eigenen Innenwelt verschafft uns einen Zugang zum Seelenleben eines Gegenübers.

Wenn ein anderer trauert und ich im gleichen Moment ebenfalls leichte Trauer empfinde, wenn ich »nacherlebe«, was er fühlt, dann besitze ich Empathie: Unmittelbar – ohne gedankliche Brücke – teile ich die Stimmung des Trauernden. Ich nehme ein Gefühl, dem seinen sehr ähnlich, in mir wahr und verstehe, was in ihm vorgeht. Nur im unmittelbaren Kontakt ist Empathie, wie ich sie verstehe, möglich.

Empathie ist seelisches Mitschwingen. Es hat wenig mit Intelligenz oder sonstigen analytischen Fähigkeiten zu tun. Empathie ist eine von anderen Fähigkeiten weitgehend unabhängige Eigenschaft. Zu wissen, was in einem anderen Menschen vor sich geht, ist über alle Altersstufen hinweg von Bedeutung. Schon Kinder mit einer hohen Fähigkeit zur Einfühlung – das ist etwas anderes als Mitleid oder Mitgefühl – zählen zu den beliebtesten und den emotional stabilsten Mitgliedern ihrer Altersgruppe.[12]

Es ist wichtig, Empathie, die ich nur unmittelbar erleben kann, vom Mitfühlen zu trennen, das auch auf alleiniges Hörensagen hin, also indirekt, entstehen kann. Ich kann, überspitzt gesagt, mit der Mutter, von der ich lediglich in den Nachrichten gehört habe, *mitfühlen*: Ihr Kind wurde vergewaltigt und ermordet. Sie erschießt daraufhin den Täter vor Gericht. Es fällt mir leicht, mich in den tiefen Schmerz, aber auch in ihren Hass hineinzuversetzen. Ich kann ihre Gefühle verstehen und ihr Handeln nachvollziehen. Das ist Mitgefühl oder Mitleid oder Verständnis, aber keine Empathie.

Empathie im strengen Sinne bedeutet: Ich bin der Resonanzboden für die emotionale Schwingung meines direkten Gegenübers. Ohne eine bestimmte Absicht, ohne einen konkreten Gedanken, empfinde ich wie er oder sie. Jemand weint. Ohne bewusstes Zutun verspüre auch ich so etwas wie Trauer. Erst danach, erst in einem zweiten Schritt, wird von mir selbst die Handlungsebene angesteuert: Ich reagiere. Ich entscheide: mich herauszuhalten oder ihm zu helfen, ihn zu trösten, ihn zu verteidigen, oder auch ihn abgrundtief zu verachten. Das letzte kommt Ihnen vielleicht unrealistisch vor, aber ich kenne viele Frauen und genug Männer, die begannen, ihren Partner genau in dem Augenblick zu hassen, als sie ihn/sie schluchzen sahen.

Unsere weibliche Mitgift macht uns zu wesentlich empathischeren Wahrnehmern. Und Frauen erleben das deutlich größere Mitgefühl. Doch was viele Frauen erst wieder neu lernen müssen: Nichts und niemand kann uns zwingen, auf die Appelle an unser Mitgefühl auch mitfühlend zu reagieren. Niemand kann uns zwingen, ein flehentliches »Lass mich nicht im Stich!« mit Bleiben zu beantworten, auch nicht, wenn wir genau spüren, wie schlecht es dem Bittenden geht. Letztlich wäre es ziemlich dumm, uns durch solche *äußere* Aufforderung steuern zu lassen.

**Für die meisten Frauen ist es extrem wichtig, sich darüber klar zu sein, dass weder Empathie, noch Mitgefühl oder Verständnis, eine Handlung nach sich ziehen müssen. Absolut keine!**
**Die scheinbar zwangsläufigen Reaktionen (jemand ärgert sich – wir beschwichtigen; jemand trauert – wir trösten; jemand lacht – wir lachen mit) werden von der Gesellschaft und den Menschen aus unserem Umfeld in uns hineingepflanzt. Immer noch verhalten wir uns so, wie wir es**

**gelernt haben. Es wird Zeit, dass wir unsere Reaktionen selbst bestimmen.**

### Einfühlung nutzen?

Erst wenn Frauen begreifen, dass sie zwar genau erleben, was im anderen vorgeht, aber völlig unabhängig davon reagieren können, dann gewinnen sie ihre Freiheit zurück. Jemand fühlt sich verletzt: Wir haben die freie Wahl, ob wir trösten, beschwichtigen, helfen oder ironisch kommentieren, uns lustig machen oder uns einfach abwenden.

**Unsere unmittelbare Einfühlung und unser Mitgefühl sind zwei der schwersten Mühlsteine, die uns ins Nachgeben ziehen.**

Ein markantes Beispiel findet sich in Partnerschaften, die ausgebrannt sind. Wenn die Beziehung nur noch als Hülle existiert, beginnen Männer zu ahnen, was sie im Begriff sind zu verlieren, sobald auch dieses äußere Gerüst für sie verloren geht. Sie werden ausgesprochen ideenreich darin, an das weibliche Gefühl zu appellieren und Frauen emotional zum Bleiben zu nötigen. Sie kombinieren materielle Drohszenarien: »Du wirst auf der Straße sitzen und keinen Pfennig mehr haben!« mit subtil kokett zur Schau gestellter Niedergeschlagenheit: »Ich bin so unglücklich!« Sie hoffen darauf, dass wir uns unserer Empathie nicht entziehen können. Rachel nannte es den Basset-Blick. (Eine Hunderasse, die scheinbar stets treu verweinte Augen hat.) Viele Frauen haben ihre Trennungsabsicht zurückgestellt, weil sie auf solchen Leimspuren kleben blieben.

Die Klügere erkennt das System. Sie kann sich aus der Empathieklammer lösen. Sie sieht über den Rand des augenblicklichen Mitgefühls hinaus und erkennt: Zu gehen ist die einzige Lösung, die bleibt. Emotionaler Druck darf unser Wissen nicht aushebeln.

**Einfühlung nutzen**

Viele Frauen verzweifeln an ihrem Mitgefühl. Ich habe schon eine Szene erlebt, in der sich eine Frau selbst in die Hand gebissen hat, weil sie sich über ihr hilfsbereites Seelchen im Nachhinein derart ärgerte. Dennoch gibt es nur einen Weg, diesem lästigen Übermaß zu entkommen, das uns so leicht auf den falschen Weg führt.

Nur ein Mehr an Einfühlung kann uns vor diesen Fußangeln und Irrwegen schützen. Unsere sensiblen Augen und Ohren erkennen Warnbotschaften früher, manchmal Jahre im Voraus: Wenn Streitereien deutlich an Schärfe zunehmen, wenn unversöhnliche Stimmungen anhalten, wenn man Verachtung in den Augen des anderen erkennt, oder sie in sich selbst erlebt.

Wir spüren das Desinteresse oder sogar die Antipathie unmittelbar. Wir erleben den aggressiven, oft rücksichtslosen Versuch, uns zu manipulieren. Spätestens jetzt müssen wir handeln.

**Je stärker und früher wir unserer empathischen Wahrnehmung in solchen Situationen trauen, umso größer wird unser Spielraum, präzise einzugreifen.**

Ria hatte ihrer Freundin schon so oft erzählt, dass Ludger abweisend geworden war und häufig einen Ton anschlug, den sie als abfällig erlebte. Sie suchte die Erklärung in seiner hohen Arbeitsbelastung. Aber sie konnte auch nicht übersehen, dass sie selbst ebenfalls auf Distanz zu Ludger gegangen war. Vieles störte sie an ihm: Sie mochte seine Stimme nicht mehr, kritisierte innerlich, wie er sich kleidete, belächelte sein Interesse für Naturfotografie. Sie schenkte ihrem eigenen Widerwillen wenig Bedeutung. »Er ist ein ruhiger, lieber Mann, so was brauche ich!«, war der Kommentar, mit dem sie ihre innere Distanz überdeckte.

Erst als sie eine Woche schwiegen, weil beide nach einem Streit keinen Zugang mehr zueinander fanden, dämmerte es

Ria: »Der Zug ist abgefahren!« Sie besprach sich offen mit ihrer Freundin und entschied: »Ende. Aus! Ich habe absolut keinen Bock auf Grabenkämpfe. ›Schießen und Wegducken‹, das kann's nicht sein. Endlose Diskussionen. Tränenschwere Monologe. Nein, danke!«

Bei Jackie und Phil war es anders. Sie hatten die Regel aufgestellt: »Kleine Irritation, lange Diskussion.« Wenn einer von beiden spürte: »Mit uns stimmt irgendetwas nicht!«, suchten sie den Austausch mit dem anderen. Ihre Freunde spotteten: »Hört ihr wieder die Flöhe husten?« – »Ja, laut und deutlich. Kurz vor Keuchhusten!«, war die knappe Antwort. Sie hatten keine Zweifel: »Unser Modell bewahrt uns vor Distanz und Krise.«

Sie sahen sich nur wenige Stunden am Tag, beide waren in ganz unterschiedlichen Berufen stark eingebunden. Verspürten sie Spannungen, dann gingen sie miteinander in Klausur, sprachen offen über Vermutungen, Befürchtungen, Eifersucht, Misstrauen, Verletzungen. Mit den Jahren haben sie gelernt, dass jeder von ihnen gelegentlich wie ein Pennäler eifersüchtelte, Beachtung vermisste und manchmal den anderen ganz für sich haben wollte. Die Gespräche waren für beide unverzichtbar. »Nur so bleiben wir dicht beieinander. Wir haben auch neben unserer Beziehung ein ausgefülltes Leben. Und vielleicht gerade darum brauchen wir solche Dialoge. Sie zeigen uns, wie wichtig wir füreinander sind. Dabei erleben wir, wie wir auf einer Wellenlänge schwingen und uns jedes Mal wieder ein bisschen neu verlieben. Vielleicht ist dies das Schönste daran.«

### Sag's doch gleich

Hera kannte die spannungsvollen Tage zwischen sich und ihrem Mann zur Genüge. Irgendetwas war vorgefallen, aber jeder erwartete, dass der Partner seinen Fehler erkannte, sich entschuldigte oder wieder gut machte, was er verbockt hatte. Die Palette der Konflikte: in der Öffentlichkeit korrigiert werden, vor Freunden aus dem Nähkästchen plaudern, eine Entscheidung des anderen vor den Kindern aushebeln, unsachlich kritische Kommentare zu Frisuren, Kleidung, politischen Ansichten, Verhalten und dergleichen Dinge mehr.

Es dauerte in der Regel gut einen Tag, bis einer der beiden erkannte, dass der Haussegen schief hing. Irgendwie waren beide Weltmeister darin, beleidigt zu sein, ohne klar zu sagen oder zu zeigen, was eigentlich vorgefallen war.

Beide hassten diese Situation, aber sie fanden immer schlechter einen Weg aus diesen Krisen.

Ich schlug ihnen vor, den Partner genauer zu beobachten. Denn das Problem war: Der Verschnupfte fand keinen direkten Weg, seine Kritik loszuwerden und ließ seine Verletzung so lange kochen, bis der Kessel überschäumte.

Sobald einer spürte, der andere »mupste«, war der Auftrag, sofort zu fragen: »Hey, was ist los?«

Beide waren überrascht, wie schnell sie, auf diese Frage hin, einen Schwall von Ärger losließen. Als hätten sie nur darauf gewartet, endlich ihre Spannungen zu entladen. Wie nach einem kurzen Sommergewitter klarte der Beziehungshimmel danach wieder auf.

Es ist wie bei den Zähnen, ein kleines Kariesloch lässt sich mit wenig Schmerz, sogar ohne Betäubung, flicken. Spüren wir erst den Schmerz an der Wurzel, ist der Nerv gefährdet. Oft muss dann der ganze Zahn heraus.

> **Wir nutzen unsere Einfühlung in einer Beziehung dann besonders effektiv, wenn wir unseren Partner schon bei den ersten Anzeichen von Spannung, Distanz, Unruhe oder Aggression direkt ansprechen.**
> **So unterstützt empathische Wahrnehmung das Zusammenleben.**
> **Jede Frau hat erlebt, dass ihre Einfühlung in die Stimmung eines anderen im Vergleich zu Männern oft wesentlich präziser ist. Sie setzt früher ein und lässt uns die ange-**

messen feinfühligen Worte finden, um das Empfundene zu beschreiben.


## Frauen streiten besser

### Immer einer Meinung sein. Langweilig!

Eine große Stolperfalle für Frauen ist die *ewige* Suche nach dem Konsens. Männer können mit einer Konfrontation, die länger bestehen bleibt, ob im Arbeitsleben oder in der Familie scheinbar besser umgehen.[13] Sie können besser verdrängen. Das hat nichts mit einer gesunden Verarbeitung der Spannungssituation zu tun. Doch es gibt überraschenderweise eine Reihe von Untersuchungen, die beweisen, dass Männer die Anspannung, die sich während eines Streitgesprächs mit ihrer Frau aufbaut, deutlich schlechter wieder abbauen als ihre Partnerinnen.

Für viele Frauen klingt die Behauptung, sie würden Streit besser verkraften, auf den ersten Blick wie eine unglaubwürdige Unterstellung. Sie erkennen ihre Stärke nicht. Selbst eine kompetente junge Frau fragte mich etwas sarkastisch: »Und wer liegt nachts wach und kann nicht schlafen, während ER neben uns friedlich schlummert?«

Mag sein, dass Männer scheinbar selig schlafen, aber die innere Anspannung macht ihnen trotzdem langfristiger zu schaffen als Frauen.


### Die emotionale Macht der Frauen

Supermythen könnte man Vorurteile nennen, die unausrottbar erscheinen. So klebt das Etikett der Frau als sanftes, kaum zur Aggression fähiges Wesen, in unseren Köpfen. Selbst wenn wir nicht wirklich von der weiblichen Friedfertigkeit überzeugt sind, würde sich eine Mehrheit von Frauen doch heftig wehren, Zweifel an dieser Behauptung offen zu äußern. Vielleicht gefällt uns diese Zuschreibung. Es wäre ja auch zu ungeschickt, den Täuschungsvorteil aufzugeben. Oder: Es fehlt uns, schlicht und ergreifend, der Mut zur eigenen Wut, zu Bosheit und Gerissenheit zu stehen.

Ausführliche Untersuchungen analysierten die Auseinandersetzungen zwischen Paaren, sie zeigen: Frauen besitzen die emotionale Macht.

Frauen sind in Beziehungen sogar ähnlich häufig körperlich aggressiv wie Männer. Männer allerdings fügen Frauen die wesentlich gefährlicheren Verletzungen zu.[15] Männer sind nicht nur kräftiger, sondern offensichtlich auch weniger gehemmt und skrupellos, wenn es darum geht, körperliche Überlegenheit einzusetzen.

Doch Frauen sind innerlich zäher. Oft kommen sie auf einen Konfliktpunkt so lange zurück, bis sie erreicht haben, was sie wollen. Und meistens besitzen sie die effizienteren Entlastungsstrategien. Nach einem Streit suchen sie das Gespräch mit Freundinnen oder andere Wege, Stress abzubauen. Dadurch erholen sie sich zumindest physiologisch schneller als die meisten Männer.

## Wer hat das dickere Fell?

Noch nach 35 Ehejahren erleben Männer eine emotionale Auseinandersetzung wesentlich belastender als Frauen.[16] Frauen finden nichts dabei, während eines Streits aus der Fassung zu geraten. Männer erleben bei einer Konfrontation mit ihrer Partnerin das, was Wissenschaftler *Überflutung* nennen: Die Pulsfrequenz und andere physiologische Indikatoren für seelische Belastung sind deutlich erhöht. Trotz lautstarker Worte findet die emotionale Spannung kein Ventil. Ein Streit ist für Männer auch nach vielen Ehejahren schlecht auszuhalten, selbst wenn sie reichlich Erfahrung mit solchen Auseinandersetzungen sammeln konnten.

Für Frauen sind Streitereien ein Teil des normalen Kräftemessens, eine Art der Beziehungsarbeit. Männer neigen viel eher als Frauen zur Überflutung. Obwohl eine Mehrheit von Männern glaubt, die Partnerin wäre gefährdet, in Gefühlswallungen zu ertrinken, sind es die Frauen, die physiologisch gesehen kühl und nüchtern bleiben.

Sie glauben, das widerspräche aller Lebenserfahrung?

Nicht bei genauerer Betrachtung: Frauen sind wesentlich besser darin, Stress zu verarbeiten. Das laute Klagen, der heftige emotionale Ausbruch, gehen Frauen weniger tief unter die Haut, als sie selbst glauben. Sie dienen im Wesentlichen der psychischen Entlastung. Das physiologische Spannungsniveau sinkt im Verhältnis zu dem der Männer deutlich schneller wieder auf normal. Nebenbei beeindruckt der Gefühlsausbruch den Streitpartner.

Ein plötzlicher Telefonanruf unterbricht ein heftiges Wortgefecht. Wer geht ans Telefon? Viel häufiger sind es Frauen, die ruhig und gelassen mit dem Anrufer reden, während der Mann noch um Fassung ringt. Oder: Die Kinder platzen in eine Konfrontation. Wer reißt sich zusammen, kümmert sich um sie? Vielleicht geht ER in die Kneipe oder in seine Heimwerkerecke, aber beruhigen wird er sich so schnell nicht. Sie hingegen kocht das Essen für die Kinder, redet mit ihnen und organisiert unbeirrt den Alltagskram.

Ein unbeteiligter Zuschauer würde nicht ohne weiteres erkennen, dass ein Mann von Gefühlen überflutet wird, weil er äußerlich einen zurückgenommenen Eindruck macht. Tatsächlich sind es manchmal nur kleine Signale, die seine große Anspannung erkennen lassen: Unwirsche Handbewegungen, Jackett ausziehen, mit bemüht ruhigem Schritt im Zimmer herumgehen.

➤ **Wie oft sind Sie in einer verbalen Auseinandersetzung mit einem Mann die vermeintliche Verliererin? – Suchen Sie seine Signale von Überflutung: Unruhe,** feuchte Hände, rhythmisches Anspannen der Kaumuskulatur, Schwitzen. Halten Sie sein scheinbar ruhiges Sprechen und seine äußere Gelassenheit nicht für den Beweis innerer Ruhe.

Finden Sie seinen Schmerzpunkt. Locken Sie ihn aus der Reserve. Sie werden sich wundern, wie schnell das geht. Die Mehrheit der Männer wird reagieren, wenn Sie ihnen vorwerfen, sie seien unzuverlässig, selbstsüchtig, geistig abwesend oder desinteressiert. Dann zeigt sich, wer wirklich das dickere Fell hat.

### Männer mauern

Sich in Schweigen hüllen, das Thema abwiegeln, das, was man kurz mit *Mauern* beschreibt, ist die verbreitete Methode von Männern, Frauen in Rage zu bringen. Während der Mann in einer Auseinandersetzung durch Mauern Gelassenheit vortäuscht, bringt er den Puls seiner Partnerin zum Rasen. In der direkten Auseinandersetzung tobt es in ihr. Doch sie kann sicher sein, dass sie schneller wieder auf ein ruhigeres Niveau kommt als er.

Der Neigung der Männer, dicht zu machen, löst im Gegenzug die Neigung der Frauen aus, ihre Männer knacken zu wollen. Frauen suchen die emotionale Auseinandersetzung, weil sie bei solchen Konfrontationen eine Chance wittern, Punkte zu machen. Männer wählen genau die entgegengesetzte Taktik. Für einen Mann ist das Abschotten die beste Strategie. Er kommt so mit etwas Glück darum herum, einen Konflikt durchstehen zu müssen. Zumindest bringt er seine Partnerin aus dem Konzept und gewinnt eine kleine Verschnaufpause. Sie muss sich erst einmal wieder sammeln, ist abgelenkt vom eigentlichen Thema und damit beschäftigt, ihn wieder ins Streitgespräch zurückzuholen. Dabei verbraucht sie Energie, die ihr später vielleicht fehlt. Er schafft sich auf diese Weise häufig die aktuelle Diskussion für eine Weile vom Hals, und sie ärgert sich. Eine kleine Retourkutsche für so viel innere

Wallung, die er, auch wenn er es nicht zugeben mag, deutlich länger erleiden muss als sie.

## Wer findet das treffende Wort?

Viele Frauen fragen sich fast verzweifelt, warum Männer mauern. Die Antwort mag verwirrend sein: Die meisten Männer mauern aus einem einzigen Grund. Sie befürchten in einer verbalen Auseinandersetzung, sprachlich den Kürzeren zu ziehen. Zu Recht. Sie wissen oder ahnen, dass ihre eigene Begabung, über die Sprache einen Konflikt mit einer Frau zu gewinnen, nicht ausreicht.

Männer brauchen länger, um ein passendes Wort zu finden. In der Regel stehen ihnen weniger Worte aus ihrem aktiven Wortschatz zur Verfügung.[17] Doch erst recht bei innerer Anspannung sind sie entscheidend gehandicapt. Denn, was noch schwerer wiegt, das männliche Denken lässt qualitativ nach, je höher die Anspannung steigt.

Bei Frauen entsteht hier der genau entgegengesetzte Effekt. Sie besitzen die größere Sprachbegabung und häufig auch das entsprechende Sprachtraining. Es fällt ihnen leicht, sprechen und denken zu kombinieren. Während wir bei vielen Männern die Methode beobachtet haben: Einen Gedanken denken, ihn aussprechen, Pause, den nächsten Gedanken denken, Pause, usw. Für Frauen ist Vorausdenken und gleichzeitiges Sprechen viel selbstverständlicher.

Der entscheidende Vorteil beim verbalen Streit zwischen den Geschlechtern liegt hier: Frauen reagieren physiologisch auf Spannungen weniger stark. Sie sind in einem geringeren Maß Stresshormonen ausgesetzt. Ihr Blutdruck steigt weniger hoch und sinkt schnell wieder auf normal. Die negative Spirale – mehr Aufregung – weniger sprachliche Fähigkeit – wird selten in Gang gesetzt. Im Gegenteil, die *leichte* Anspannung erhöht bei Frauen sogar die verbale Qualität und die Fähigkeit, Denken und Sprache parallel zu schalten.

Wenn Sie als Zuhörerin dies auch bis jetzt noch nicht direkt erkannt haben, achten Sie doch einmal auf die Sprechpausen von Männern – es sind nur ein, zwei Sekunden. Männer setzen sie häufiger ein. Frauen machen diese Pausen auch, aber bei ihnen sind sie seltener und kürzer. Denken können Männer genauso schnell wie Frauen, aber bei ihnen muss oft erst der Sprechapparat abgeschaltet sein, um den Denkapparat in Gang zu setzen.

**Frauen unterschätzen ihre sprachlichen Qualitäten. Plustert sich ein Mann mit einem Fremdwort auf, das SIE nicht kennt, macht sie dies zu ihrem Defizit. Bestimmte Wörter gelernt zu haben, hat aber mit Sprachbegabung fast nichts zu tun.**

**Der weibliche Vorsprung: Im Mittel kann eine Frau fast doppelt so viele Synonyme für einen alltäglichen Ausdruck finden wie ein durchschnittlicher Mann.**

**Man muss sich solche Ergebnisse in Zahlen vorstellen: Findet ein Mann zehn ähnliche Begriffe, sind es bei einer Frau zwanzig. Welch ein Vorsprung.**

**Auch wenn Männer und Frauen den gleichen Wortschatz besitzen, findet eine Frau das passende Wort deutlich schneller.[18]**

### Dominieren durch Sprache

In zahlreichen Untersuchungen zeigt sich, dass Männer länger reden, häufiger unterbrechen und auch die höhere Zahl an Wortmeldungen produzieren. Dies geschieht auch in Gesprächsrunden mit gleichrangigen und gleich qualifizierten Teilnehmern, sogar wenn Frauen in der Überzahl sind.

**Die Klügere hat zu lange geschwiegen.**

**Testen Sie Ihr Sprachvermögen. Sie können in den meisten Fällen zu Recht davon ausgehen: »Ich bin die rhetorisch Geschicktere, ich finde die passenderen Worte, ich kann genauer beschreiben, worum es bei einem bestimmten Konflikt oder einem Sachverhalt geht.«**

Die selteneren Wortmeldungen und die kürzeren Redezeiten von Frauen in gemischten Diskussionsrunden lassen sich auf unser Zögern, auf unseren Mangel an Mut, unseren Mangel an Durchsetzungswillen zurückführen.

Der nur scheinbar geniale Verzicht, »Wenn ich nichts sage, kann ich auch nichts Falsches sagen!«, lässt Frauen auf der Ersatzbank hocken.

Die alte Weisheit, »Wer A sagt, muss auch B sagen«, blockt uns ab, denn Verantwortung übernehmen verlangt Rückgrat, Konfliktbereitschaft und birgt die Gefahr von Liebesentzug.

Die Klügere, die nicht mehr nachgibt, muss damit rechnen, dass sie nicht mehr von jedem geliebt wird. ABER: Je souveräner sie in ihrer Beharrlichkeit wirkt, umso sicherer wird sie geachtet werden, und das zählt in diesem Fall langfristig deutlich mehr.

Eine Mehrheit erfolgreicher Frauen hat schon die Erfahrung gemacht: Mögen wird durch Achten ersetzt. Wer nicht mehr nachgibt, wer Verantwortung übernimmt, muss klar fordern, eindeutig anleiten und Rechenschaft verlangen. Der Wunsch, für Unnachgiebigkeit geliebt zu werden, ist fehl am Platz.

Mit dieser Konsequenz kann man im Arbeitsleben wahrscheinlich leichter umgehen als im Privaten. Wer in einer Partnerschaft nicht mehr nachgibt, das Wort ergreift und mit geschickter Strategie auf verbaler Ebene die Schlacht gewinnt, muss mit momentanem Liebesentzug und unter Umständen mit einem Beziehungsbeben rechnen.

Gute Gründe, nichts zu überstürzen.

> **Wappnen Sie sich, bereiten Sie den Tag X vor. Stellen Sie sich auf unruhige Zeiten ein. Erinnern Sie sich: SIE verkraftet den Streit besser als ER.**
> **Nutzen Sie Ihre verbalen und taktischen Fähigkeiten, um die Wogen niedrig zu halten. Sie können die Aussprache steuern. Wenn Sie merken, jetzt schlagen die Wellen zu hoch, legen Sie eine Pause ein. Auch Streitgespräche kann**

man unterbrechen und auf einen anderen Zeitpunkt vertagen, wenn die Bedingungen günstiger sind. Aus den Augen verlieren dürfen Sie Ihre Sache allerdings nicht. Kommen Sie auf jeden Fall darauf zurück. Denken Sie daran, **Männer machen lediglich schnell dicht. Ihr dickes Fell ist vorgetäuscht.**
**Nutzen Sie Ihren sprachlichen Vorsprung, setzen Sie *Ihren* Standpunkt schlussendlich durch.**

Und noch etwas kann geschehen, wenn Sie das Wort ergreifen und Ihre Klugheit offenbaren: Der andere akzeptiert Ihre Führung und lehnt sich gelassen zurück. Sie haben den Ball gefangen, jetzt müssen Sie entscheiden, was zu tun ist. Der andere, ob Chef oder Partner, genießt seine Freiheit und lässt sich von nun an von Ihnen durchs Leben tragen. Er hat eingesehen: »Du kannst das einfach besser.«
**Schützen Sie sich! Nur weil Sie etwas besser können, müssen Sie es noch lange nicht allein tun. Es ist nichts Verwerfliches daran, wenn Sie andere nach Ihrer Pfeife tanzen lassen. Die Klügere entscheidet, wie etwas geschieht – ausführen kann es durchaus ein anderer.**


### Sagt ER »Ich liebe dich!«, liebt er dann wirklich mich?

Manche Männer lernen geschickt, mit Worthülsen zu spielen, sie besitzen damit noch kein großes Sprachtalent. Doch der Verkäufer, der uns die Vorzüge seiner Ware in einem Wortschwall anpreist, textet uns zu, bis wir das Denken vergessen.
Auch in der Liebe beherrschen manche Männer das falsche Schmeicheln und Betören besser, als es Frauen recht sein kann.
Doch trösten Sie sich. Sie werden leicht erkennen, woran Sie sind: Holpriges Liebesgeflüster deutet in diesem Fall auf ehrliche Gefühle.

Männern fällt es schwer, über Gefühle zu sprechen, die Worte »Ich liebe dich« bringen sie kaum über die Lippen.[19] Der Mann, der sein Gefühl wirklich spürt, traut sich selten, auszusprechen, was er empfindet. Das ist auch heute noch der Regelfall. Selbst Männer, die in eine Männergruppe gehen oder eine Therapie absolviert haben, stottern noch bei jedem ehrlichen Liebesschwur.

Frauen sollten sich vor Männern hüten, denen Liebesbekenntnisse leicht(-fertig) über die Lippen kommen. Leider ist es wahrscheinlich, dass sie nicht wirklich tief fühlen, was sie so gekonnt flüstern. Sie nehmen das, was sie sagen, nicht besonders ernst.

Viel eher kann eine Frau der Wahrhaftigkeit eines gestammelten Kompliments trauen, wenn sie die Verlegenheit eines Mannes erkennt.

➤ **Wenn einem Mann gefühlvolle Worte selbstverständlich von der Zunge gehen, kann eine Frau relativ sicher sein: Hier ist etwas faul. Wenn Sie noch weitere Anzeichen dafür erkennen, dass er leicht lügt, kann es nur einen Rat geben: Finger weg!**

**Die meisten Männer können bewegende Gefühle nur dann unbekümmert aussprechen, wenn sie diese nicht wirklich empfinden!**

**Haben Sie Zweifel an SEINER Ehrlichkeit? Machen Sie den (aus einer Filmszene entliehenen) Test: Konfrontieren Sie ihn mit der ultimativen Wahrheitsdroge, sagen Sie nur: »Ich weiß alles!« Beantworten Sie danach drei Minuten lang keine einzige Frage. Geben Sie keine weitere Erklärung ab. Schauen Sie nur wissend!**

**Die meisten Männer werden schwach und beichten. Wenn es etwas zu beichten gibt.**

Ich will hier nicht Ihr Misstrauen schüren oder behaupten, es gäbe keine sensiblen Männer. Zum Glück ist das nicht der

Fall. Doch bei jedem Zweifel ist es sinnvoll, in sich hineinzuhorchen und seine Intuition zu befragen.

Männer ahnen, wie leicht eine Frau ihre großen und kleinen Unwahrheiten enttarnen könnte. Ein Karriereberater riet Männern, bei Frauen nur noch am Telefon zu lügen. Frauen würden ihre Lügen sonst zu leicht erkennen.

## Die verborgenen Winkel einer Frauenseele

Recht hat der Karriereberater, doch Frauen haben nicht nur ein feines Näschen für, sondern auch ein feines Händchen beim Lügen: Sie lügen und manipulieren geschickter als Männer.

Wenn eine Frau eine Lüge benutzt, hat sie in der Regel verschiedene Varianten bedacht, um kritischen Nachfragen zu begegnen. Wenn ein Mann lügt, kann man ihn mit einer simplen Frage nach einem Detail aus der Fassung bringen. Bei lügenden Frauen wird dies nicht so leicht gelingen. Natürlich gibt es Ausnahmen. Die von einem Mann hinters Licht geführte Frau beschreibt ihren Partner, Kollegen oder Freund, aus ihrer Sicht zu Recht, als »so hinterhältig wie niemanden sonst«.

Doch allgemein gilt: Frauen lügen besser. Sie sind überzeugender, selbst dann, wenn sie die Unwahrheit sagen.

Marion, gerade zwanzig, beschwerte sich bei mir, ihr Freund hätte sie bösartig hintergangen und während seiner Fortbildung eine Nacht mit einer Arbeitskollegin verbracht. Sie hatte ihm schon an der Nasenspitze angesehen, dass »etwas passiert« war. Allein der Satz: »Du hast doch etwas mit ihr gehabt!«, hatte ihn beichten lassen und mit hochrotem Kopf um Vergebung bitten. Marion war empört: So hätte SIE ihn noch nie hintergangen.

Was sie »vergaß«: Sie hatte mit dem Fitnesstrainer ausprobiert, welchen Einfluss starke Muskeln auf die Liebesfähigkeit besitzen. Marion blendete aus, welche raffinierten Schleier sie um ihre »Fitnessaktivitäten« gelegt hatte. Mehrmals hatte ihr Freund vermutet, dass »irgendwas im Laufen sei«, aber sie hatte ihren Seitensprung besser getarnt. »Ich kann eben besser lügen! Was er nicht weiß …«, murmelte sie etwas kleinlaut, als ich sie auf ihre eigene Affäre ansprach.

## Der längere Atem

Alle Eltern spielen mit ihren Kindern dasselbe Spiel: Wenn ich wiederkomme und ihr fein artig wart, gibt es eine Belohnung. So wird Durchhalten trainiert.

Fragt man Vierjährige, ob sie jetzt eine Süßigkeit haben wollen oder ob sie es vorziehen, zu warten und in einer Viertelstunde *zwei* zu bekommen, gibt es charakteristische Unterschiede im Verhalten der Kleinen. Es ist nicht zufällig, für welche Variante sich ein Kleinkind entscheidet. Die Kinder lassen sich unterteilen in solche, die ihren süßen Genuss sofort haben wollen, auch wenn sie weniger bekommen, und solche, die sich auf das Geschäft einlassen, und bereit sind, etwas zu warten und dafür doppelt zu kassieren. Für die Kleinen eine harte Probe. Man nennt das *Belohnungsaufschub*. Eine solche, auf den ersten Blick eher nebensächliche Unterscheidung trennt die Vierjährigen in zwei Lager. Und diese beiden Gruppen unterschieden sich auch noch, wenn sie 20 Jahre älter geworden sind.[20]

Die Gruppe der Kinder, die ihre Lust auf Süßes aufschieben, motivieren sich zum Beispiel mit Selbstgesprächen zum Durchhalten. Sie finden also spontan einen Weg, das große Verlangen nach dem verführerischen Bonbon zu zügeln. Und sie zeigen auch in der Pubertät deutlich kompetenteres Sozialverhalten. Sie sind durchsetzungsfähiger und besitzen immer noch die Fähigkeit, eine kleinere Belohnung in der Erwartung einer größeren aufzuschieben. Sie sind selbstbewusster und können leichter mit Frustrationen umgehen.

Dieser Unterschied wird besonders markant, wenn man sich vor Augen führt, dass es ansonsten nur schlechte Vorhersagemöglichkeiten gibt, die frühe Verhaltensweisen mit späteren verknüpfen. Dieser »Marshmallow-Test« ist eine bessere Vorhersage für die Intelligenzleistung im Erwachsenenalter als jeder Leistungstest für kleine Kinder, der heute bekannt ist.

Es gibt Hinweise darauf, dass Frauen eine stärkere Bereitschaft zeigen, auf kleine Gewinne zu verzichten, wenn sie durch Aufschieben später einen größeren Profit erzielen können.[21] Und das hat nichts zu tun mit: die Hände in den Schoß legen und brav ausharren.

Viele Dinge im Leben sind so gelagert, dass Abwarten-Können einen Nutzen bringt: Wer jetzt die Schule besucht, statt sich für die schnelle Mark in einem Job zu entscheiden, kann in einigen Jahren mit einer besseren Bezahlung rechnen. Wer zögert, schon in frühen Jahren eine dauerhafte Beziehung einzugehen, hat später größere Chancen, eine stabilere und befriedigendere Partnerschaft zu finden. Wer sich regelmäßig fortbildet, hat bessere Aufstiegschancen. Wer die Augen offen hält, bis das begehrte Kaufobjekt zu einem akzeptablen Preis zu haben ist, spart Geld.

Wachsam warten, bis die richtige Gelegenheit kommt, zahlt sich aus.

Sowohl Männer als auch Frauen planen in der Regel auf lange Sicht. Einige Forscher haben herausgefunden, dass Frauen dazu tendieren, dies regelmäßiger zu tun, während Männer ihr Augenmerk eher auf das aktuelle Geschehen richten.[22]

Viele beruflich stark engagierte Frauen nehmen sich deutlich mehr Zeit zum Durchatmen. Sie reflektieren Gespräche und bereiten Verabredungen gründlicher vor. Ihnen ist stets wichtig, was um sie herum vorgeht. Diese Informationen verarbeiten sie und leiten Perspektiven daraus ab.[23]

Das wird selbst im Umgang mit Geld sichtbar. Amerikanische Investment-Clubs, die nur weibliche Mitglieder haben, erreichen ein um 30 % besseres Ergebnis, verglichen mit reinen Männerclubs.[24]

Was mir persönlich dabei noch bedeutsamer erscheint: Amerikanische Frauen investieren mehr Geld als Männer in Rentenpapiere. Woraus man schließen darf, dass sie die risikoärmeren, aber dennoch gewinnträchtigen Investitionen bevorzugen.

Frauen scheinen weniger an der schnellen Mark als an langfristigen Strategien interessiert zu sein.

Aber: Abwarten-Können ist nicht alles. Frauen dürfen sinnvolles Hinauszögern nicht als Ausrede benutzen, um die Ziele in ihrem Leben weniger konsequent zu verfolgen. Abwarten aus Prinzip, ohne genau zu wissen warum, ist *keine* gute Strategie:

➤ **Das Bild der planenden, strategisch denkenden Frau passt uns oft nicht ins Konzept. Zu fest sitzt das Klischee der Zögerlichen, Abhängigen, die kaum wagt, einem eigenen Impuls zu folgen.**

**Wir müssen aus dem Schatten heraustreten, in den wir uns gelegentlich gern stellen. Die Losung lautet: Farbe bekennen! Zu unserem Wissen stehen! Wir haben die besseren Ansätze.**

**Ich weiß, dass heute zu wenige Frauen ein starkes unabhängiges Leben führen. Und es bleibt die ernste Frage: Wenn wir doch in vielen Bereichen die Besseren sind und oft die klügeren Ideen haben, wieso sind wir dann nicht überall ganz oben? Warum geht es uns oft so verdammt schlecht in unseren privaten und Arbeitsbeziehungen?**

**Die Antwort ist recht simpel: Weil wir noch immer zögern, weil wir unsere Minderwertigkeitskomplexe schüren, Zweifel hätscheln und uns fürchten, selbst zu entscheiden. Anstatt unsere Kräfte zu zeigen und mit anderen zu messen, halten wir uns bedeckt.**

**Wir ahnen, was in uns steckt, aber hoffen, auf die Bühne *gebeten* zu werden, statt sie selbstbewusst zu betreten.**

**Wir wünschen, dass auch die anderen erkennen, was wir können, dass sie uns bitten, unsere Vorschläge zu machen.**

**Da können wir lange warten.** Diese Aufforderung wird uns nie erreichen. So sind die Spielregeln im Wettbewerb um die beste Lösung nicht festgelegt. Nur wer von Anfang an spurtet, seine ganze Energie und Fähigkeit einsetzt, hat eine Chance, das Rennen zu gewinnen. Dann ist auch Abwarten-Können eine gute Taktik, nur dann!

### Frauen haben Visionen

In den achtziger Jahren tauchten neue Leitlinien für den erfolgreichen Manager auf. Die Zauberformel hieß: Management durch Visionen. Mit präzisen farbigen Zukunftsbildern von einem rosigen geschäftlichen Horizont sollten Mitarbeiter motiviert, hohe Ziele gesteckt und Märkte erobert werden. Diese Rechnung ist in vielen Bereichen aufgegangen. Menschen lassen sich durch die Präsentation eines großen, gemeinsamen Ziels anregen. Man dachte nicht mehr in kleinen Schritten, sondern in großen Entwürfen für das nächste Jahrzehnt.

Frauen denken oft bildhaft. Bilder können, besser als Worte, Komplexität widerspiegeln und, wie jeder weiß, mehr als tausend Worte sagen. Und so sind es Frauen, die mit dieser neuen Strategie bestens zurechtkommen.

Frauen denken visionär. Wer etwas bewegen will und Veränderungen auf den Weg bringen, muss sich Dinge vorstellen können, die im Grunde unvorstellbar sind. Frauen haben gute Karten, solche Bilder zu entwerfen. Sie sind heute in der Lage, Regeln in Frage zu stellen und festgefahrene Strukturen zu durchbrechen.

Unser vernetztes Denken vermag auch scheinbar fest verankertes Wissen zu hinterfragen. Wir bündeln Informationen neu – wir gehen ungewohnte Wege. Wir finden Abkürzungen oder Umwege, die sinnvoll sind, weil sie Sicherheit gewähren oder neue Informationen versprechen. Wir verknüpfen dabei die unterschiedlichsten Aspekte miteinander, die anscheinend gänzlich verschiedene Themenbereiche berühren.

Frauen stellen mehr Einzelheiten zusammen, als auf den ersten Blick zum Thema gehören, und sie verbinden diese schnell mit den relevanten Bereichen. Sie wägen die gesamte Bandbreite von Fakten gegeneinander ab. Es bereitet uns wenig Schwierigkeiten, mit Mehrdeutigkeiten umzugehen. Wir können uns verschiedene Ergebnisse gleichzeitig vorstellen und gegeneinander abwägen.[25]

Wem es leicht fällt, in Bildern zu denken, der hat einen guten Zugang zu visionären Vorstellungen.

## Motivieren

Und noch einen Vorsprung können Frauen für sich in Anspruch nehmen. Sie sind deutlich weniger als Männer an Macht interessiert. Das heißt, eine Frau reizt die interessante Aufgabe mehr als die nächste Stufe in der Hierarchie. Folglich wird sie mehr Energie in die Aufgabe als in Machtkämpfe stecken, und sie wird damit das bessere Ergebnis erreichen. Das ist klar vorherzusagen: Jemand, der inhaltlich stärker an der Arbeit interessiert ist, wird qualitativ höherwertige Arbeit abliefern, als jemand, der von Imagefragen gefesselt ist. Frauen müssen dennoch Entscheidungsbefugnis und Macht anstreben. Nur so können sie ihren Leistungsanspruch auch von anderen fordern und bei ihnen durchsetzen.

In einer repräsentativen Untersuchung erwies sich Leistungsmotivation als Frauendomäne.[26] In der Landwirtschaft und in freien Berufen, also in den Bereichen, in denen der persönliche Einsatz besonders stark sichtbar wird, bescheinigten Männer *und* Frauen dem weiblichen Geschlecht die größere Leistungsbereitschaft.

Vielleicht erleben wir in den nächsten Jahren eine neue Kultur in den Chefetagen, wenn endlich eine relevante Zahl an Managerinnen die Führungsebene erklimmt.

Stärke lässt sich auf sehr verschiedene Art leben. Wenn Frauen den entscheidenden Schritt nach vorn tun, wird vielleicht zum guten Schluss der alte Typus des »Herrschers« aus den Bürostuben gefegt.

Die Fähigkeit zu kooperieren, Menschen mitzureißen, zu fordern, ohne Widerstände heraufzubeschwören – das sind die Kernfaktoren moderner Führungsqualitäten. Heute reichen gute Noten, Fachkenntnisse und Erfahrung allein nicht mehr aus, eine Führungsposition angemessen zu bekleiden. Der Vorgesetzte, der mit harter Hand autoritär durchgreift, ist schon lange passé. Immer mehr sind Einfühlungsvermögen und die Fähigkeit zu motivieren gefragt. Wer das nicht kann, hat in Zukunft schlechte Aussichten, eine profilierte Position auszufüllen. Frauen sind für diese neuen Anforderungsprofile bestens gerüstet. Zwar steigen immer mehr in immer höhere Ränge auf, doch nach meinem Geschmack geschieht dies erheblich zu langsam.

Der erste Chefredakteur der Zeitschrift BRIGITTE, Peter Brasch, platzierte folgenden Spruch bereits Anfang der sechziger Jahre hinter seinem Schreibtisch:

*»Die Emanzipation der Frau ist erst dann vollzogen, wenn genauso viele dumme Frauen wie dumme Männer auf wichtigen Posten Platz genommen haben.«*

Ich habe mich über diesen Satz köstlich amüsiert. Er zeugt von bemerkenswerter Weitsicht und Selbstironie. Und wichtiger noch, er macht auch *den* Frauen, die sich für weniger begabt halten, Mut, ihren Ehrgeiz zu entwickeln und Karriere zu machen.

### Harte Fragen

Hat die falsche Bescheidenheit uns im Griff? Wollen Frauen überhaupt an die Spitze? Täglich erlebe ich Szenen, in denen ich zweifle, ob unser Ehrgeiz ausreicht, unsere Möglichkeiten und Potenziale auszuschöpfen.

Da verzichtet Simone, deren Kinder längst aus dem Haus sind, darauf, ihren Halbtagsjob, der ihr Spaß macht, um ein paar Stunden zu erweitern und mehr Verantwortung zu übernehmen – jammert aber, auf der anderen Seite, dass sie nicht weiterkommt. Dabei würde ihr Mann sie jederzeit unterstützen. Doch sie sagt: »Die Belastung wäre mir einfach zu groß!« Da ich sie einigermaßen kenne, kann ich ernsthaft weit und breit keine Belastung sehen. Sie scheut vor dem Engagement zurück.

Da schlägt eine graduierte Innenarchitektin das Angebot eines renommierten Kollegen aus, in seine Firma einzutreten. Sie hätte dort bei der Innengestaltung ganzer Häuser kreativ mitarbeiten können. Obwohl die Aufgabe sie reizt, hofft sie auf eine Uni-Karriere. Lieber will sie im Elfenbeinturm versauern. Unterschwellig fürchtet sie die Anforderungen in der freien Wirtschaft.

Da wird eine Frau schwanger, die von sich selbst behauptet, Kinder wären ihr ein Graus. Der Hintergrund: Sie will einen Wechsel ihrer Vorgesetzten nicht hinnehmen und lieber ins Privatleben flüchten, als sich mit einer neuen Chefin zu arrangieren, die sie überhaupt noch nicht kennt.

## Leben mit angezogener Handbremse

Leider erlebe ich es immer wieder, dass Frauen trotz bester Voraussetzungen nicht wirklich glücklich, stolz, stark und selbstbewusst sind. Sie bremsen ihre Tatkraft und verhindern damit die Bestätigung, die sie erreichen könnten, wenn sie ihre Fähigkeiten voll einsetzen würden.

Erst dann, wenn aus einem »Kann schon sein, dass ich besser bin« ein: »Ich spüre, welche Talente und Fähigkeiten in mir stecken, weil ich sie täglich einsetze« wird – dann ist ein Meilenstein bewegt.

Schon bei der nächsten Aufgabe, der nächsten Chance wird die Bewegung leichter, weil Mut und Selbstvertrauen gewachsen sind.

# Sind Männer zu beneiden?

Es ist bemerkenswert, wie oft Frauen glauben, Männer könnten etwas besser. Sie denken dabei nicht nur an defekte Waschmaschinen, tropfende Wasserhähne und verstopfte Abflüsse, sondern sie unterstellen ihnen größere Risikobereitschaft, höheres Durchsetzungsvermögen, das zwingende Bedürfnis, im gesellschaftlichen Rang nach oben zu klettern und die stärkere Entschlossenheit, eigene Interessen mit Gewalt durchzusetzen.

Frauen unterstellen Männern diese Eigenschaften zu Recht. Aber wahrscheinlich haben nur wenige Frauen bisher bedacht, wie selbstzerstörerisch diese Charakteristika wirklich sind. Und wie sehr sie auch der Gesellschaft schaden.

**Auch Frauen lieben das Abenteuer im Beruf und im Privaten, aber sie kommen nicht darin um.**

## Männer, Frauen und Risiken

Immer wieder begegnet uns in der aufgedrehten Yuppiewelt der Drachenflieger, der Basejumper und der Autoraser der Satz: »No risk, no fun!« – »Ohne Risiko kein Spaß«. Er wird zum Glaubensbekenntnis. Zum Glück ist dieser Wunsch nach der Nervenkitzelwelt ein Männerproblem. Frauen spüren zwar auch gern das Kribbeln im Bauch, aber sie sichern sich besser ab, setzen ihr Leben keinesfalls leichtfertig aufs Spiel.

Auf die Frage, wer in einer gefährlichen Situation besser am Steuer eines Flugzeuges reagiert, Mann oder Frau, antwortete eine Pilotin: »Vielleicht reagiert ein Mann in einer kritischen Situation etwas gelassener und schneller als eine Frau, aber die Frau hat in hundert vorausgegangenen Situationen verhindert, dass eine solche kritische Situation überhaupt entstehen kann. Männer meistern Notlagen, Frauen verhindern sie.«

Dabei unterschätzt die Pilotin noch das weibliche Potenzial, denn es gibt eine Reihe von Bereichen, in denen Frauen gerade in gefährlichen Krisen höchst effektiv reagierten. Es gibt Dutzende von Beispielen, in denen sie in kritischen Situationen die Nerven behielten und ausgesprochen clever reagierten. Ich bin überzeugt, dass Frauen in brenzligen Momenten häufig zu souveränen Krisenmanagern werden. Sie begeben sich allerdings viel seltener aus eigenem Antrieb in eine gefährliche Szene.

Ausgesprochen mutig handelte eine Stewardess, die einen arabischen Flugzeugentführer ganz bewusst am Arm berührte, obwohl sie wusste, dass nach seinem Kulturverständnis eine solche Berührung höchst unzulässig ist. Sie spürte genau, nur mit dieser Geste konnte sie ihn beschwichtigen und dazu bewegen, von der Gewalt gegen Passagiere abzulassen.

**Es ist wichtig, die Unterschiede genau zu sehen. Männer erscheinen in Krisensituationen oft gelassener als Frauen. Diese Ruhe kann jedoch äußerlich sein, während innen extreme Anspannung jede ruhige Suche nach Auswegen blockiert. Frauen sind, auch wenn sie aufgeregt und nervös wirken, seltener in ihrem Denken eingeschränkt.**

Es ist so ähnlich wie bei dem Streit der Ehepaare: Bei Frauen bewirken die aufgewühlten Gefühle seltener Knoten in ihren Gedanken, ihr Kopf kann meistens genauso effizient arbeiten, manchmal sogar effizienter als unter normalen Umständen.

Falls es Ihnen schwer fällt, für sich persönlich an diesen Zusammenhang zu glauben, kann es daran liegen, dass Sie bei seelischer Anspannung die Tendenz haben, überhaupt nicht mehr zu reagieren. Spüren Sie diesen Impuls, dann beginnen Sie damit, diesen Bremsklotz vorsichtig wegzuheben. Wahrscheinlich werden Sie mehr von der Furcht vor der Aufregung als von der Aufregung selbst gebremst. Ein tiefer Atemzug kann genügen, sich zu beruhigen – und Sie wieder auf den Boden zurückbringen. Setzen Sie beginnende Erregung in Handlung um, durchbrechen Sie die Blockade. Für Sie gilt das gleiche wie für das geblendete Reh mitten auf der Fahrbahn: Jede Bewegung ist besser als Verharren.

## Risikofaktor Mann

In Australien habe ich ein Buch gefunden, mit dem Titel: Was Frauen über Männer wissen sollten. Es enthielt nur leere Seiten. Eine witzige Idee, und ich stimme der Botschaft zu, wir sollten uns nicht zu sehr in das Grübeln über Männer verstricken. Doch es ist hilfreich, bestimmten Tatsachen ins Auge zu sehen und sich mit zentralen Fakten vertraut zu machen.

Im Zentrum der Männerprobleme stehen ihr deutlich erhöhtes Risikoverhalten und ihre größere Aggressionsbereitschaft. In der Altersgruppe der 20- bis 25-Jährigen sterben drei- bis viermal mehr Männer als Frauen, hauptsächlich durch Verkehrsunfälle. Es gibt deutlich mehr männliche Selbstmörder als weibliche. In Amerika kommt Mord als bedeutende Todesursache hinzu.[27] Männer scheinen eine höhere Bereitschaft zu haben, gegen andere und sich selbst brutal gewalttätig zu werden.

Kollektiv verdrängen alle Gesellschaften, in welch hohem Maß junge Männer gefährdet sind, ihr Leben und das anderer Menschen aufs Spiel zu setzen. Diese Erkenntnisse gelten auf der ganzen Welt.

Gibt es eine verdeckte oder sogar eine offene Bewunderung dieses Risiko-Rausches? Ich fürchte, ja.

»Wehr dich!«, rief eine junge Mutter ihrem Dreijährigen zu, dem ein Fünfjähriger seine Schaufel wegnehmen wollte. Mit einem gekonnten Boxhieb trieb er daraufhin den Konkurrenten in die Flucht. Ich muss zugeben, auch ich musste lachen. Es sah einfach zu witzig aus: Ein Minimensch setzt einen Kinnhaken.

Hätte ich nicht wenige Minuten später einen anderen Jungen, knapp vierzehn, einen ähnlichen Boxhieb ansetzen sehen, bei dem sein Opfer regelrecht K. o. ging, wäre mir die Szene nicht in Erinnerung geblieben. Männliche Gewalt wird früh gefördert. Wir denken selten an die Folgen, wenn wir Jungen ermuntern, körperliches Durchsetzen zu trainieren, aber ihnen gleichzeitig zu wenig emotionale und kommunikative Strategien vermitteln.

Im Gegenzug unterlassen wir es, Mädchen konsequent zu körperlicher Wehrhaftigkeit zu ermutigen. Die meisten haben eine Schlaghemmung, auch bei massiver Bedrohung.

Wer einmal erlebt habt, wie schwer Mädchen sich in einem Selbstverteidigungskurs tun, einem Mann massiv zwischen die Beine zu treten – obwohl dieser perfekt geschützt ist –, weiß, was ich meine.

## Ganze Kerle?

Die Anzeichen mehren sich, dass für den krassen Unterschied in der körperlichen Aggressivität der Geschlechter sowohl genetische als auch soziale Faktoren ausschlaggebend sind. Es wundert mich nicht mehr, dass Psychologen uns Menschen als das im stärksten Maß risikobereite Lebewesen einstuften.[28]

Sollen wir darauf stolz sein?

Vielleicht waren Aggressions- und Risikobereitschaft die Triebfedern unserer Evolution. Möglicherweise waren aber unsere Sprache und unser Verstand entscheidend. Vielleicht gab unsere Fähigkeit, in Gruppen zu agieren, den Ausschlag. Oder unser Bemühen, Verantwortung für schwächere Mitglieder der Gemeinschaft zu übernehmen und unsere Bereitschaft, besonders viel Zeit – mehr als jedes andere Tier – in die Aufzucht unserer Nachkommen zu investieren?

Viele »Vielleicht!« Höchstwahrscheinlich war es das Zusammenspiel all dieser Faktoren. Was folgt daraus? Aggression ist eine Eigenschaft von vielen. Doch was vor Jahrmillionen äußerst hilfreich war, bringt heute mehr Schaden als Nutzen. Wir haben es nur noch nicht vollständig begriffen.

Über 90 % aller Morde werden von Männern begangen.[29] Tödliche Unfälle aufgrund überhöhter Geschwindigkeit werden fast nur von Männern verursacht. Die Bereitschaft, risikoreiche Sportarten auszuüben, liegt bei Männern zehnmal höher als bei Frauen. Die Rate der schweren Verletzungen bei solchen Sportarten liegt für die Männer nochmals wesentlich höher.[30]

Männer *entscheiden* sich für tödliche Risiken. Dafür sind sie selbst verantwortlich. Doch Männer sind in diesem Verhalten eben auch ein Produkt ihrer Gene *und* einer Gesellschaft, die sie immer wieder unbewusst oder bewusst anstachelt, eine herausgehobene Leistung für wichtiger zu halten als das eigene Leben. Eric Perlman, ein Filmemacher, spezialisiert auf Extremsportarten, brachte es auf die krasse Formel: »Wir (Männer) sind dafür gemacht, zu experimentieren oder zu sterben!«[31] Ein ziemlich lächerlicher Lebenssinn.

### Wie viel Risiko tut gut?

Männer riskieren nicht nur das eigene Leben, sie verzocken genauso leichtfertig das Geld ihrer Familie. Männer stellen den weitaus größten Teil der Spielsüchtigen.

Kreuzbrave Ehemänner nehmen zweihunderttausend Mark Kredit auf, um mit Aktien zu spekulieren.

Mir werden Geschichten von Männern erzählt, die in Pokerrunden 100 000 Mark einsetzen und es für eine lobenswerte Eigenschaft halten, cool zu bleiben, wenn das Familieneinkommen den Bach herunter geht.

Eine falsch verstandene Risikobereitschaft zeigen auch Menschen, die vorsätzlich über rote Ampeln fahren oder doppelt so schnell durch die Stadt rasen wie zulässig, und genauso diejenigen, die ihren Führerschein nicht abgeben, obwohl sie kaum noch sehen können.

In der Überzahl sind es Männer, die auf solchen Leichtsinn stolz sind.

Um es deutlich zu sagen: Ich bin keine Sicherheitsfanatikerin. Auch ich fahre lieber schnell als langsam, manchmal schneller als zulässig. Auch ich glaube, dass man mit etwas Nachdenken anderswo mehr Zinsen für sein Geld bekommen kann als auf einem Sparbuch. Auch ich liebe das Segelfliegen und das Motorrad fahren. Ein Leben ohne gewisse Risiken gibt es nicht. Es wäre wohl auch langweilig. So kann ein gewisser Kick durchaus anregen und den Tag verschönern. Niemand muss sich dafür in größere Gefahr begeben. Risikofreudige Frauen halten Gefahren immer möglichst klein und vermeiden unkalkulierbare Risiken.

Es scheint mir, als gälte für manche Männer gerade das Gegenteil dieser Regel. Die Amerikaner nennen es »thrill seaking«. Die Lust, immer gefährlichere Varianten eines sowieso schon gefährlichen Sports zu suchen.

### Grenzen suchen? Frauen und Risiko

Unüberlegt, nahezu kopflos kann man das Verhalten von Männern nennen, die ihre körperlichen Grenzen ständig überschreiten. Sie halten diesen Kick, den Adrenalinrausch für Lebensfreude. Dem Tod stets knapp zu entrinnen, scheint wichtiger als jeder andere Genuss. Ein Extremabenteurer brachte es auf den Punkt: »Wahres Abenteuer ist, wenn du dabei sterben könntest.«

Über unserer berechtigten Kritik an männlicher Risikosucht dürfen wir nicht vergessen, dass unsere weibliche Bereitschaft, Risiken einzugehen, oft nur schwach ausgeprägt ist.

Wo Männer zu waghalsig sind, sind Frauen tendenziell zu zurückhaltend. Frauen sind paralysiert von der Gefahr. Sie sehen weniger das Gefühl von Freiheit und Lebensfreude, oder den möglichen Gewinn, der ein kalkuliertes Risiko rechtfertigt. Sicher auch, weil sie eigene Fähigkeiten und Kräfte unterschätzen.

Frauen kommen fast nie in die Gefahr, sich zu weit aus dem Fenster zu lehnen. Sie testen ihre Grenzen selten aus. Sie halten einen Sicherheitsabstand. Weil er zu groß ist, bleiben sie unterhalb ihrer Möglichkeiten.

▶ **Falls sich Widerspruch in Ihnen regt, falls Sie Risiken für Teufelswerk halten, falls Sie glauben, nur befestigte und gesicherte Wege wären gute Wege, dann** laufen Sie doch einmal quer über eine große Wiese. Barfuß. So erfrischend ist es auch, quer zu denken.

Viele Frauen handeln zu defensiv. Viele sind übervorsichtig. Für sie gilt: Wenn sie sich aus ihrer behüteten Ecke herauswagen, werden sie noch lange nicht unbesonnen. Zwischen zaghaft und draufgängerisch gibt es unendlich viele Zwischenstufen und Schattierungen. Selbst Frauen, die sich mit gefährlicheren Freizeitaktivitäten beschäftigen, haben eine deutlich geringere Unfallrate als Männer, weil sie auf ihre Sicherheit achten.

Nur wer es wagt, die eigenen Grenzen zu berühren, kann sie im nächsten Schritt überschreiten und sich so weiterentwickeln. Und das hat nichts mit männlichen Tendenzen zu Übermut oder gar Selbstzerstörung zu tun.

Frauen müssen ihren inneren Widerstand, ihre Ängstlichkeit, ihre Zurückhaltung überwinden. Ein wenig Mut tut gut!

Wer nicht versucht, den Berg zu erklimmen, wird nie erfahren, ob er es kann oder nicht. »Unten bleiben« schützt zwar auf den ersten Blick vor Niederlagen, aber man bleibt mit einem Verlierergefühl zurück. Wir werden hin und her gerissen zwischen: »Ich könnte das auch!« und schwelendem Selbstzweifel: »Das kann ich nie!« Wir verlieren ein Stück Selbstachtung, mit jedem Tag, an dem wir keine eigene Grenze berühren. Wen wundert es da noch, wenn uns Minderwertigkeitsattacken plagen.

Auf Dauer fügen wir uns durch diese übervorsichtige Passivität Schaden zu, unser Selbstwertgefühl wird erheblich angekratzt: »Ich hatte das Gefühl zu verkümmern. Jede Auseinandersetzung, die ich ›diplomatisch regelte‹, anstatt eine Konfrontation zu wagen, erwies sich als Nagel am Sarg meiner Selbstachtung. Mit jeder Ausrede, die ich erfand, weil ich nicht den Mut besaß, klar zu sagen, was mich bewegte, wurde ich immer feiger.«

**Kein Mensch kann leben, ohne Risiken einzugehen. Alles, was wir tun, ist mehr oder weniger riskant.**

## Gute und schlechte Risiken

Ich unterscheide zwischen guten und schlechten Risiken. Gut nenne ich solche, bei denen das Ergebnis einen persönlichen Gewinn in Aussicht stellt. Bei der folgenden Auswahl mutiger Schritte, die auch ein Risiko enthalten, sehe ich die Frauen vorn:

### Gute Risiken

Wer als Au-pair-Mädchen oder für einen anderen Job ins Ausland geht, erweitert seinen Horizont. Diejenige, die in eine andere Stadt zieht oder einen neuen Arbeitsbereich ausprobiert, zeigt Beweglichkeit.

Die Nestflüchterin, die relativ jung in einer eigenen Wohnung lebt, und die Fahranfängerin, die einen Kurs über Selbsthilfe bei Autopannen belegt, machen sich unabhängig.

Wer mit vierzig umschult oder nach einer längeren Pause wieder ins Berufsleben einsteigt, gibt seinem Leben eine neue Richtung. Im Rentenalter Kurse besuchen oder mit Sport beginnen – das hält Geist und Körper fit.

Die Frau, die sich trennt, wenn die Lage aussichtslos ist, die Mutter, die sich entscheidet, ihr Kind alleine groß zu ziehen, weil es mit IHM nicht funktioniert – beide suchen kraftvoll die neue Chance.

Diejenige, die sich auf einen Job bewirbt, den vorher nur Männer ausübten, und diejenige, die sich selbständig macht – sie stellen sich einer Herausforderung.

Wer auf eine Halbtagsstelle reduziert, um sich stärker seiner Leidenschaft, der Schauspielerei, zu widmen, gewinnt Lebensqualität. Aber Lebensqualität gewinnt auch diejenige, die ihre Arbeit auf Vollzeit aufstockt, weil sie so mehr von ihren Ideen in ihrem Arbeitsfeld durchsetzen kann.

Diese Frauen sind wirklich mutig.

## Schlechte Risiken

Schlechte Risiken nehmen wir auf uns, obwohl sie eine hohe Wahrscheinlichkeit enthalten, dass etwas schief läuft. Meist bemerken wir noch nicht einmal, dass wir uns überhaupt in Gefahr begeben. Es sind übliche weibliche Verhaltensweisen. Die Chancen, selbst einen Nutzen zu haben, stehen gering.

Diejenige, die sich für eine kürzere oder schlechtere Ausbildung entscheidet, und schlimmer noch, wer auf eigenes Einkommen verzichtet – beide pokern um ihre Zukunft.

Wer als Beifahrerin einen gefährlichen Fahrstil akzeptiert, statt selbst das Steuer in die Hand zu nehmen, sie lässt mit ihrem Leben spielen.

Die Frauen, die rüde Erziehungsstile ihrer Männer tolerieren, oder sogar für Gewalt Verständnis haben, riskieren es, Mitschuld an einer Katastrophe zu tragen.

Diejenige, die bei IHM bleibt, weil sie hofft, dass doch noch etwas Gutes in ihm verborgen ist, verwettet ihr Lebensglück.

Die Abiturientin, die *ihr* Studium verschiebt, um *seines* zu finanzieren, zieht einen ungedeckten Wechsel.

Die verheiratete Frau, die eine schlechte eigene Altersabsicherung hinnimmt, hat schon jetzt verloren.

Diese Frauen sind äußerst leichtsinnig. Sie wollen die Risiken, die sie auf sich nehmen, nicht einmal wahrhaben.


## Gute Risiken, die Männer dennoch scheuen

Darüber hinaus gibt es *gute* Risiken, die Frauen oft ganz selbstverständlich eingehen, vor denen Männer aber deutlich zurückschrecken: Einer Frau fällt es leicht, jemanden anzusprechen, den sie nicht kennt, oder jemanden einfach nach dem Weg zu fragen. Das ist für Männer oft eine echte Hürde. Sich bunt anzuziehen, Frauen lieben es. Eine Entscheidung mit einem Gefühl begründen, eine Frau wagt es.

Frauen zeigen es, wenn sie verletzt sind. Sie schämen sich selten dafür, Gefühle sichtbar werden zu lassen.

Einer Frau fällt es meist leicht zu sagen: »Das trau ich mich nicht« oder zuzugeben, dass sie etwas nicht weiß.

Frauen erkennen in solchen Szenen nicht, dass das, was sie tun, einem Mann möglicherweise riskant erscheint. Auch wenn er das nicht eingestehen wird. Keines dieser Risiken ist mit einer ernsten Gefahr verbunden. Männer schrecken jedoch oft vor ihnen zurück. Frauen gehen sie tagtäglich ein und merken nicht einmal, dass sie mutig sind. Deutlich mutiger als Männer.

## Männer und Aggression

Männern fällt es schwer, einen Gewaltimpuls zurückzuhalten. Dass manches Mal Angst der Auslöser der Gewalt ist, macht diese allerdings weder ungeschehen noch akzeptabel.

50 % aller Morde in Amerika entstehen aus kleinen Streitereien zwischen Männern. Eine große Rolle spielt dabei die Gegenwart von Freunden oder Bekannten, vor deren Augen ein »richtiger Mann« nicht klein beigeben will. Die Anlässe sind oft absolut geringfügig: Eine verbale Beleidigung oder ein harmloser Rempler genügen, einen, im wahrsten Sinne, mörderischen Streit zu provozieren.[32]

Aggression wird in vielen Gesellschaften als männliche Verhaltensweise sehr hoch bewertet. »Primitivste« Buschmänner, die Yanomami in Amazonien »besitzen« mehr Frauen und haben mehr Kinder, wenn sie schon einmal einen Menschen getötet haben.[33] Hier wird Aggression noch in ihrer brutalsten Ausformung belohnt.

Aber Aggression findet natürlich auch in deutlich abgeschwächter Form statt. Noch immer wird aggressives oder sogar rücksichtsloses Durchsetzungsvermögen in manchen Firmen als eine ausschlaggebende und anzustrebende Führungseigenschaft betrachtet.

Und es lässt sich nicht leugnen: Viele Frauen suchen einen Beschützer. Sicherlich ein Grund, weshalb auch heute noch größere Männer als Partner bevorzugt werden.

## Frauen und Deeskalation

Frauen zeigen ihre Aggression eher im Umgang mit vertrauten als mit unbekannten Menschen. Ihre Aggressionen sind meist verbal und ziehen sehr selten ernsthafte körperliche Verletzungen nach sich. Frauen wählen in der Regel beschwichtigende Strategien. Sie bauen Spannungen ab oder lassen sie gar nicht erst entstehen.[34]

Der SPIEGEL titelte vor kurzem »Immer einen Tick intelligenter«. In einem großen Bericht über Frauen im Polizeidienst wurde beschrieben, dass sie oft die Nase vorn haben. »Sie ermitteln genauer und fragen bohrender«, bescheinigen ihnen die Vorgesetzten. Ein Polizeichef wird mit den Worten zitiert: »(Frauen) zeigen das psychologisch geschicktere Einschreiten (...) sie wirken deeskalierend.«[35]

Es bestätigt, was viele Frauen wissen: Sie sind die gewitzteren Frager und die besseren Schlichter.

Auf den ersten Blick überraschend wirkt dennoch die folgerichtige Idee, Frauen auch in Bereichen einzusetzen, in denen man bisher auf schiere Körperkraft zählte.

»Vorbeugen ist besser als fliegende Fäuste!« lautet das »schlagende« Argument für weibliche Türsteher. Sie werden weder als Gag noch als weiblicher Lockvogel eingestellt. Sie haben sich in dieser Funktion bewährt. Der Chef einer Türsteherin erklärt, er habe sie eingestellt, um Schlägereien zu verhindern. Und das können Frauen offensichtlich souveräner als Männer. Die Türsteherin selbst erklärt sich ihren Erfolg so: »Ich kann gut mit Menschen umgehen, einerseits habe ich eine verbindliche Art und andererseits kann ich, wenn es sein muss, sehr bestimmend sein.«[36] Natürlich kommt Frauen in dieser Position zugute, dass es eine Hemmung gibt, eine Frau in der Öffentlichkeit zu schlagen. Aber eine zimperliche Person könnte diesen Job dennoch nicht ausfüllen.

## Männer brauchen Frauen! – Wofür?

Dass Männer durch Frauen in ihrer Aggression gedämpft werden, ist bemerkenswert. Und weitere wissenschaftliche Fakten passen ins Bild: Männer schätzen generell den Kontakt und das Gespräch mit Frauen. Sie suchen, wenn sie ernsthaft über ein Problem sprechen wollen, gerade den Rat einer Gesprächspartnerin. Knapp die Hälfte der Männer (48 %) legt großen Wert auf freundschaftliche Kontakte zu Frauen. Männer fühlen sich von Frauen stärker unterstützt. Sie können leichter mit Frauen als mit anderen Männern über persönliche Probleme sprechen und bewerten diese Gespräche insgesamt als wertvoll.

Frauen hingegen ziehen weniger Gewinn aus freundschaftlichen Beziehungen zu Männern, denn was sie bekümmert, das besprechen sie lieber mit einer Freundin als mit einem Freund. Sie fühlen sich bei einer Frau eher verstanden. Nur 10 % der Frauen bewerten den freundschaftlichen Kontakt zum anderen Geschlecht als wichtig.[37]

**Frauen sind für beide Geschlechter in der Rolle der Vertrauten nicht zu schlagen.**

### Ein Mann ohne Frau ist eine tickende Zeitbombe

Wie sehr Frauen auch gesellschaftlich gesehen für Sicherheit sorgen, ist immer wieder überraschend. Unverheiratete Männer haben im Mittel ein fünfmal höheres Risiko, zum Mörder zu werden, als verheiratete Männer. Und sie werden dreimal häufiger Opfer einer Gewalttat als Männer in einer Beziehung. Bei Frauen besteht kein vergleichbarer Zusammenhang.[38]

Fassen wir die Fakten der letzten Seiten zusammen, dann wird deutlich, dass Männer Frauen brauchen, um ruhiger zu werden. Es ist müßig, darüber zu spekulieren, ob die Natur dies so eingerichtet hat, um Nachkommen zu sichern, soziale Gemeinschaften zu stabilisieren oder die Einehe zu fördern. Sicher ist, Männer brauchen Frauen, um sich vor sich selbst zu schützen.

Frauen kommen mit dem Alleinleben wesentlich besser zurecht. Bei den Männern scheint einzig der geprüfte Don Juan eine Chance zu haben, seelisch ohne größere Blessuren Single zu sein. Nur der Mann, der seine Energie darauf richtet, möglichst vielen Frauen zu gefallen, kompensiert seine Aggression ausreichend.

Bei Frauen sieht dies völlig anders aus. Frauen sind nach Scheidungen deutlich gelassener, ausgeglichener, aktiver und sozial vernetzter als vor ihrer Trennung. Männer hingegen fallen nach einer Scheidung leicht in tiefe Löcher, aus denen sie selten aus eigener Kraft als lebensfroher Single hervorkommen. Wen verwundert es da, dass eine Mehrheit der Scheidungen von Frauen betrieben wird. Sie müssen als Single nicht fürchten unterzugehen.

### Hackordnungen

Ein drittes kritisches Muster, neben Risikobereitschaft und Aggressionsneigung, bestimmt männliches Handeln. Männer richten sich stark an den hierarchischen Gegebenheiten ihrer sozialen Umgebung aus. Sie orientieren sich an imaginären Rangfolgen. Sie vergleichen Statussymbole, wie die Größe und das Alter ihres Wagens, die Ausstattung ihres Hauses, die Wahl des Ferienzieles. Es ist wie in dem Werbespot, in dem ein Mann einem alten Freund triumphierend Fotos vorlegt: »Mein Haus, mein Auto, mein Pferd, meine Yacht!«

Im Beruf sind die Größe des eigenen Büros, der akademische oder firmeninterne Titel, die Anzahl der Mitarbeiter, der Dienstwagen und so weiter bedeutsam. Symbole, die für Frauen nur am Rande wichtig sind. Carmen wollte den Geländewagen nicht annehmen, den sie als Firmenwagen erhalten sollte. Sie fand ein dezentes Stadtauto sinnvoller. Doch sie wurde darauf hingewiesen, dass ein besonderes Auto als prestigeträchtiges Aushängeschild notwendig sei, auch um ihre Stellung zu untermauern.

**Frauen sollten Statussymbole in ihrer Wirkung nicht unterschätzen. Wir müssen unsere Kompetenz nicht mehr ständig beweisen oder erstreiten, solange Männer sich noch von »Schulterstreifen« beeindrucken lassen. Warum sollten Frauen solche Rangzeichen nicht benutzen?**

**Die Klügere nutzt Statussymbole und die damit verbundene männliche Bereitschaft, ihren Argumenten dadurch schneller zu folgen. Statussymbole sind bei Männern mindestens so wirksam wie ein kurzer Rock und hohe Absätze. Auch wenn sie sich über das edle Businesskostüm vielleicht lustig machen: Es flößt ihnen Achtung ein.**

Frauen kann man so leicht nicht beeindrucken. Sie erinnern sich vielleicht an den Liedtext: »Das einzig Starke an dir ist deine Moto Guzzi …«

Die Männerwelt durchzieht ein unsichtbares Netz von Rangordnungen, zu vergleichen mit der Hackordnung im Hühnerstall. Wie gefährlich solche Hierarchien und die damit verbundenen Denk- und Handlungsmuster werden können, zeigt ein dramatisches Beispiel:

Vor einigen Jahren stürzte ein Flugzeug in der Karibik ab. Über 200 Menschen fanden den Tod. Sie erinnern sich vielleicht, viele deutsche Urlauber auf dem Rückflug aus der Dominikanischen Republik starben. Auslöser war ein völlig harmloser Fehler: Im Cockpit eines Passagierflugzeugs gibt es für jeden der beiden Piloten einen eigenen, unabhängig funktionierenden Geschwindigkeitsmesser. Die Anzeige des Chefpiloten war defekt, sie zeigte eine zu hohe Geschwindigkeit an. Der Kopilot, deutlich jünger, hatte eine korrekte Anzeige. Die beiden Piloten fanden keinen Weg, die Differenz ihrer Anzeigen zu erklären. Also behauptete der Chefpilot, seine Anzeige sei die korrekte, und der jüngere, rangniedrigere fügte sich dem Vorgesetzten zähneknirschend. Der

Kapitän hatte wider jede Logik gehandelt, sein einziges Argument war seine Autorität als der »Boss«. Die niedrigere Geschwindigkeit als die richtige anzusehen, hätte keine ernsten Folgen gehabt. Das wusste auch der Kapitän. Die eklatante Fehleinschätzung: Ich bin der Kapitän, ich entscheide, mein Instrument ist das intakte, bezahlten alle Insassen des Flugzeugs mit ihrem Leben. Nicht Verantwortungsgefühl und Logik hatten entschieden, sondern Hierarchiedenken und Eitelkeit.

Männer reden mehr über Rang und Wettbewerb, Frauen mehr über Kooperation und Verbindung.[39] Diese Unterschiede konnten in allen Kulturen nachgewiesen werden, selbst bei Nomaden, Buschmännern und sehr einfachen Agrarkulturen. Gesprächsthemen spiegeln die grundlegenden Einstellungen wider. Verkürzt gesprochen:

Männer wollen dominieren, Frauen kooperieren.

**Je überschaubarer die Gruppe ist, umso erfolgreicher scheint es zu sein, sich in Ranggefechte einzulassen. Je komplexer eine soziale Gegebenheit ist, umso sinnloser wird eine Zentrierung auf das Duell um die beste Position.**

Welche gravierenden Auswirkungen dieses Konkurrenzdenken hat, kann man sich ausmalen, wenn Wirtschaftsberater feststellen, dass viele Betriebe von regelrechten Grabenkämpfen zerfressen werden. Dabei zeigt sich lediglich die kleine Spitze eines unvorstellbaren Eisbergs.

Es wird verständlich, warum solche Muster derart schwer auszumerzen sind, wenn man sich bewusst macht, dass bereits bei unseren animalischen Vorfahren männliche Hierarchieorientierung einen Großteil der sozialen Interaktionen bestimmte.[40]

Unsere Lebensumstände wären sicherlich bedeutend aggressiver, würden Frauen nicht als Korrektiv solcher Machtfehden wirken. Es gibt Hinweise, dass bereits bei den Primaten weibliche Tiere einen Kontrapunkt setzen.

Bei den Bonobos, einer Schimpansenart, beobachteten Zoologen eine von Weibchen dominierte Struktur neben der durch die Stärke der Männchen definierten Rangordnung. Bonobo-Weibchen schließen sich gegen Männchen zusammen, um deren körperlicher Überlegenheit besser begegnen zu können, zum Beispiel, wenn sie um Futter streiten, oder ein Männchen aggressiv gegen ein bestimmtes Weibchen wird. Diese Kooperationen bestehen oft über einen längeren Zeitraum.[41] Bonobo-Weibchen setzen ihren Körper auch als Lock- und Beschwichtigungsmittel ein. Aggressive Männchen, aber auch Männchen, die einen besonderen Leckerbissen ergattert haben, werden durch eindeutige sexuelle Präsentation beruhigt oder ermuntert zu teilen. Ist ein Weibchen allein, ohne die Unterstützung von anderen Weibchen, verschafft es sich auf diese Weise Futter. Sind die Weibchen in der Überzahl, tun sie sich zusammen und jagen dem Männchen das Futter ab. Fast schöner als im menschlichen Leben.

### Frauen kooperieren

Frauen tun sich schwerer als Männer, kurzfristige, taktische Allianzen zu bilden, aber sie sind wesentlich besser darin, langfristige, stabile, verlässliche und tragfähige Verbindungen aufzubauen und zu pflegen.

Solche Unterschiede zeigen sich schon früh. Wenn sich während eines Spiels in einer Gruppe von Jungen ein Teilnehmer leicht verletzt, erwartet die Gruppe, dass der Verletzte zur Seite geht und sich schnell beruhigt. Das Spiel soll weitergehen. In der Mädchengruppe kümmern sich alle um die Verletzte, das Spiel wird unterbrochen. Mädchen haben gelernt, und es entspricht ihrem Naturell, sich in erster Linie um andere zu kümmern. Jungen ist der Fortgang ihres Spiels wichtiger. Das eigene Bedürfnis zu laufen, Zweikämpfe zu bestehen, Punkte zu machen, ist ihnen näher.[42]

Mädchen spielen so lange, bis sie sich langweilen; Jungen, bis einer gewonnen hat.[43]

Der Nachteil der weiblichen Fürsorge: Unsere eigene Arbeit kann sich verzögern. Der Gewinn: eine feste Basis der Kooperation und ein stabiles soziales Netz.

Vorausgesetzt, wir verlieren *unsere* Arbeit oder *unser* Ziel nicht aus den Augen, ist jeder im Vorteil, der den Schutz und die Kraft der Gruppe hinter sich hat.

## Können alle gewinnen?

Die neue Zauberformel der Kommunikations- und Konfliktforschung heißt: Win-Win-Strategie.

Bis vor wenigen Jahren lehrte die Elite der Wirtschaftstrainer, Durchsetzen mit allen Mitteln sei der beste Weg zum Erfolg. Doch heute wissen sie: Nur wenn Kompromisse gefunden werden, wenn jeder das Gefühl hat, einen größeren oder kleineren Vorteil aus einer Kooperation zu ziehen, gewinnen alle Seiten. Und gleichzeitig wird ein Fundament für dauerhafte, ausgewogene Zufriedenheit gelegt.

Für diese Form der Zusammenarbeit sind Frauen wesentlich besser gerüstet. Für sie ist es selbstverständlich, dass in einer stabilen Allianz *alle* eindeutigen Nutzen ziehen müssen, damit das System funktioniert. Diese Verlässlichkeit garantiert einen weiteren Erfolgsfaktor: Eine langfristig verbindliche Planung wird möglich.

Männer halten Informationen oft aus Prinzip zurück, damit niemand sie besser verwerten kann als ihr Besitzer. Oder sie stehlen Ideen, ohne die Quelle zu nennen und ohne die Lorbeeren zu teilen. Frauen geben Informationen bereitwilliger weiter, und sie ermutigen andere, Beiträge zu leisten. Sie loben eindeutiger und häufiger als Männer und gewinnen damit einen immer wichtiger werdenden Vorteil: Der Pool der Ideen wird größer.[44]

Was Frauen allerdings noch lernen müssen, ist, einen klaren Deal auszuhandeln: »Was ist deine Gegenleistung für meine Informationen?« Und auf eines dürfen Frauen nie verzichten, es muss ganz klar sein: SIE muss als »Urheberin« genannt werden.

## Überlegen sein oder Verbindung schaffen

Der männliche Wunsch zu dominieren hat viele Nachteile, besonders die Gefahr, den Kontakt zu Kollegen zu verlieren. Es juckt Männer einfach zu sehr, den Unterlegenen spüren zu lassen, WER der Überlegene ist.

Frauen fühlen selten den Zwang, die Chefposition pausenlos heraushängen zu lassen. Für sie ist es kaum ein Problem, klar und direkt um Unterstützung und Hilfe zu bitten oder das Können und Wissen anderer abzufragen. Für Männer sind solche Anliegen eine kaum zu überwindende Hürde. Sie fürchten damit die Hierarchie aufzubrechen, und das ist in ihren Augen ein Sakrileg. Frauen sehen Hierarchien durchlässiger.

Sie verstehen es, persönlichen Kontakt herzustellen. Das gibt ihnen die bessere Position, in einem angemessenen Stil zu führen, ein gutes Verhältnis zu Mitarbeitern und Kollegen zu behalten und die Chefrolle gleichzeitig auszufüllen.

Frauen machen eher Vorschläge und geben weniger Anweisungen.[45] Sie lassen anderen mehr Freiheit.

Frauen glauben stärker daran, dass alle gewinnen können.[46] Wenn wir einen anderen zum Verlierer gemacht haben, wird er in Zukunft vorsichtiger mit uns sein, er wird Kooperation verweigern – oder schlimmer – uns verdeckt schaden.

Wer im Mitspieler immer den Feind sieht, der besiegt werden muss, produziert *sich* eine Menge negativen Stress.

Dennoch bleibt es ein Seiltanz für Frauen, die Chefrolle auszufüllen und Kollegialität beizubehalten, ohne Respekt einzubüßen, denn: Zu viel Verschwisterung nimmt den Respekt, genauso wie Überheblichkeit.

## Stress und Gesundheit

Männer reagieren mit deutlich höherer Adrenalinausschüttung auf Stress als Frauen.[47] Seit einigen Jahren wissen wir, dass dadurch das Immunsystem in Mitleidenschaft gezogen werden kann.

Frauen leben länger als Männer. Sie gehen zwar häufiger zum Arzt, sind aber deutlich seltener ernsthaft krank. In einer Tageszeitung las ich vor kurzem die Notiz, dass Frauen deswegen seltener an Hautkrebs sterben, weil sie sich häufiger auf Melanome untersuchen lassen. Auch andere Vorsorgeuntersuchungen werden von Frauen stärker genutzt als von Männern. Diese Zusammenhänge belegen, wie sinnvoll es sein kann, sorgsam mit sich umzugehen, sich Schmerzen und Sorgen um die eigene Gesundheit einzugestehen und negativen Stress möglichst gering zu halten.

**Wütend sein entlastet, Zorn macht krank**

Zorn ist die kontrollierte Variante von Wut. Während Wut einem Feuerwerk gleicht, das schnell verschossen ist, versetzt Zorn den ganzen Körper in äußerste Spannung und der übergroße Druck lässt nur sehr langsam nach.

Zorn ist die Emotion, die dem Herzen am meisten schadet.[48] Kaum jemand wird bezweifeln, dass Zorn ein eher männliches Gefühl beschreibt. Besonders gefährlich für die Gesundheit ist Zorn verbunden mit Argwohn, Zynismus, dem Hang zu abfälligen Bemerkungen und Anfällen von Wut. Diese Kombination ist der »direkteste« Weg zum Herzinfarkt. Und wieder bringt die Männer ihre Art, zu denken und zu handeln, ins Grab. Männer mit hohen Feindseligkeitswerten[49] nahmen an einem Programm teil, das ihnen helfen sollte, feindselige Gefühle zu vermindern. Sie erlitten 44 % weniger zweite Herzinfarkte als die nicht behandelte Kontrollgruppe. Ein beachtlicher Unterschied. Wie leicht Abhilfe zu schaffen wäre und wie selten dies geschieht, ist fast unglaublich.

Für einen Außenstehenden ist es nicht leicht zu erkennen, ob jemand im Beruf starkem Ärger ausgesetzt ist. Stressempfindlichkeit hat sehr viel damit zu tun, wie man sich in Konflikten verhält. Ob man gelernt hat, Ärger – eigenen und fremden – nur bedingt an sich heranzulassen, ist ein wesentlicher Faktor. Da Frauen weniger feindselig denken und handeln, haben sie bereits einen Schutzmechanismus. Dennoch erleben und zeigen auch Frauen Wut, seltener Zorn. Die weibliche Form ist weniger aggressiv und unabhängig davon wird sie viel schneller abgebaut.

Erinnern Sie sich an das »Mauern« der Männer und ihre Überflutung mit Emotionen, die sie zu tarnen versuchen? Dort war bereits das gleiche Muster erkennbar: Ein Mann reagiert physiologisch in viel höherem Maß auf Spannung als eine Frau. Der Erregungszustand bleibt länger erhalten und der schädigende Einfluss ist damit länger wirksam.

Männer neigen nicht nur zu Zorn, sondern sie sind auch häufiger in Lebensumständen, die ihren Zorn heraufbeschwören *können (nicht müssen)*. Der berufliche Bereich ist eher dafür prädestiniert, negative, dauerhaft zermürbende Gefühle hervorzubringen als der private. Es ist mehr Anpassung gefordert, und der Druck ist vielfältiger und komplexer. Männer, die oft großen, sie persönlich belastenden, beruflichen Ärger erleben, erkranken fünfmal häufiger an Dickdarmkrebs als Menschen, die von sich sagen, dass sie in den letzten 10 Jahren keinen derartigen Stress erlebt hätten.[50]

## Männer haben gelernt, nicht zu fühlen

### Vergessene Söhne

Amerikanische Wissenschaftler beklagen einen Missstand: Die Sozialisation von Jungen wurde in den letzten Jahrzehnten immer weniger beachtet. Eine pädagogische Einflussnahme findet kaum noch statt. Die jungen Männer reagieren auf die Vernachlässigung ihrer Probleme mit Aggressivität, Hyperaktivität, schlechten schulischen Leistungen und mit Suizidgefährdung.[51]

In der Grundschule können Jungen nicht stillsitzen, ihre verbalen Fähigkeiten sind noch unterentwickelt, ebenso ihre Lesebegabung. Hinzu kommt die Neigung von Lehrern, Jungen stärker zu disziplinieren. Bei Jungen in der Pubertät wird der Kontakt untereinander distanzierter. Sie wünschen sich gute Freunde, mit denen sie alles bereden können, aber sie vertrauen einander immer weniger. Die Solidarität in der Clique ist nur dünne Tünche. Man muss sich cool geben.

Bei der Kritik der Psychologen geht es vor allem um die »emotionale Fehlerziehung«. Jungen erhalten keine Unterstützung für prosoziales Verhalten und emotionale Intelligenz. Diese Defizite, gepaart mit zunehmendem Konsum von Gewaltvideos und Aggressionen fördernden Videospielen, sieht der Psychologe Dan Kindlon als ein »sicheres Rezept für eine Katastrophe«.[52]

Der Männerforscher William Pollock stellte fest, dass Sätze wie »Ein Junge muss mit beiden Beinen auf der Erde stehen!« oder »Es stört mich, wenn ein Junge sich wie ein Mädchen benimmt« breite Zustimmung finden. Jungen bekommen heute doppeldeutige Botschaften: Sie sollen einerseits der traditionellen Männerrolle entsprechen und andererseits Sensibilität und Einfühlung entwickeln, dabei »aber auf keinen Fall zu feminin« werden.[53]

Parallel dazu lernen Mädchen, ihre Gefühle auszudrücken und ihre Einfühlung zu schulen. Das kann sie, im schlechten Sinne, dienstbeflissen und überfürsorglich werden lassen, aber wahrscheinlich erhöht es ihre Menschenkenntnis und formt ihre Führungsqualitäten. Sie lernen, auf sich zu achten, und gleichzeitig die Befindlichkeit ihrer Mitmenschen zu erkennen.

Ich will hier kein Erziehungshandbuch für Jungen schreiben (auch nicht für Mädchen). Doch Frauen müssen endlich aufhören, männliches Unvermögen zu dulden und anfangen, das was schlecht ist, auch schlecht zu nennen. Frauen dürfen nicht länger zulassen, dass sie durch Aggression, Machtgehabe und Einschüchterung aufs Abstellgleis befördert werden und dass durch geduldete Gewalt unsere Kultur und die Gesellschaft zerstört werden.

## Fühlen: ungenügend!

In Freundschaften bevorzugen Männer das Handeln vor dem Reden. Sie treiben zusammen Sport, spielen Skat. Sprechen darüber hinaus aber höchstens über Politik. Nur in Gegenwart von Frauen entwickeln sich Gespräche, die Gefühle behandeln.[54] Und Männer fühlen sich besonders unsicher, wenn sie über eigene Emotionen berichten sollen.[55]

Vor 20 Jahren wurde der Begriff Alexithymie für eine seelische Störung gewählt, bei der die Betroffenen ihre Gefühle weder erkennen noch in Worte fassen können.[56]

Daniel Goleman beschreibt Alexithymiker: »Was ihnen völlig fehlt, ist die grundlegende Fähigkeit der emotionalen Intelligenz: Die Selbstwahrnehmung – zu wissen, was man empfindet, wenn uns Emotionen aufwühlen.«[57]

Die Symptome der Alexithymiker: Sie haben Schwierigkeiten beim Erfassen von Gefühlen, eigenen oder fremden[58], und sie benutzen nur eine geringe Anzahl von Worten, um Gefühle zu beschreiben. Solche Menschen weinen selten. Wenn sie aber weinen, dann weinen sie heftig. Trotzdem sind sie verwirrt, wenn man sie fragt, warum sie weinen. Goleman: »Wenn sie etwas empfinden, dann ist es eine verwirrende Qual, die sie um jeden Preis zu vermeiden suchen.«[59]

Als ich zum ersten Mal von diesem Störungsbild hörte, musste ich spontan an den Mann einer Klientin denken. Nach dem Tod seines Vaters, der ihn anscheinend wenig berührt hatte, wachte meine Klientin nachts auf, weil ihr Mann von einem lauten Weinkrampf geschüttelt wurde. Später konnte er nicht beschreiben, was in ihm vorging oder was ihn bewegte. Da

ich den Mann kenne, weiß ich, dass er im Alltag recht natürlich und unverkrampft wirkt, wenn auch verschlossen.

Dass jemand an Alexithymie leidet, fällt selten direkt auf.

Auch andere Berichte von Frauen kamen mir in den Sinn, und
stets waren die Muster vergleichbar. Aufgewühlt von starken
Gefühlen, gab es für ihre Männer keine Sprache, ihr Leid
auszudrücken. Das Einzige, was ihnen blieb, war, sich lange
an einen anderen Menschen zu klammern und zu weinen.
Aber auch danach fanden sie keine Worte, ihre Gefühle zu beschreiben. Sie konnten selten mehr sagen als: »Es war ganz
schlimm!«

Die Symptome der Alexithymie haben viel gemeinsam mit
dem, was Frauen – Tag aus, Tag ein – mit Männern erleben.
Zementierte Verschlossenheit, die sie immer wieder zur Verzweiflung treibt: Wenn ungewollt doch ein Gefühl heraus-
bricht, stehen viele Männer sprachlos da, unfähig, mit ihren
Emotionen umzugehen. Sie können weder genau beschreiben,
was sie erleben, noch können sie genauer erkennen, welcher
Auslöser sie in diese Gefühlswallung befördert hat.

Tanja war wegen einer Umschulung über vier Wochen nicht
zu Hause: Ihr Mann Bert war also allein. Zuerst war er noch
guter Dinge, kochte für sich, räumte die Wohnung um. Aber
in der zweiten Woche ging er gegen seine Gewohnheit in die
Kneipe um die Ecke, trank mehrere über den Durst und redete
mit Männern, die er nicht kannte, über Korruption und das
Schlechte in der Welt.

Spät in der Nacht, wieder zu Hause angekommen, ruft er Tanja an und erzählt ihr, er sei in der Kneipe gewesen, und nun sei
er in einer komischen Stimmung. Als sie ihn unvermittelt
fragt, ob er sie vermisst, schluchzt er auf einmal los: »Ja, ich
vermiss dich so!« Ohne Tanjas Frage wäre es ihm nicht in den
Sinn gekommen, dass er sich einsam fühlt und damit nicht zu-
rechtkommt.

## Fühlen können

Frauen erkennen das Unvermögen ihrer Partner, Gefühle zu äußern, und deren Unwillen, wenn sie beschreiben sollen, was in ihnen vorgeht. Aber es lässt sie nicht im Traum daran denken, daraus einen persönlichen Vorsprung abzuleiten. Frauen reden ganz selbstverständlich über das, was sie empfinden. Sie beschreiben es differenziert und anschaulich, doch »wertvoll« würden sie diese Fähigkeit nie nennen. Es fällt ihnen schwer zu erkennen, dass hier der weibliche Schlüssel liegt, der es ihnen ermöglicht, mit seelischen Belastungen *intelligent* umzugehen.

**Vielleicht regt sich Ihr Widerstand, wenn ich das Wort »intelligent« in diesem Zusammenhang benutze, aber es ist eine zentrale Eigenschaft unserer *Emotionalen Intelligenz*, Gefühle zu erkennen, zu beschreiben, sie einzusetzen und damit selbstverständlich umzugehen. Nur wenn wir unsere Emotionen als intelligent anerkennen, werden wir begreifen, welches Ausmaß der weibliche Vorsprung tatsächlich hat.**

# Das Gespür fürs Leben

## Das Gefühl im Bauch

Jeder kennt das ungute Gefühl in der Magengegend, wenn etwas nicht stimmt oder schief zu laufen droht. Und wir kennen die Schmetterlinge im Bauch, die tanzen, noch bevor wir richtig wissen, dass wir verliebt sind. Wir bekommen weiche Knie, und das Rot auf unseren Wangen verrät unsere Freude und unsere leichte Verlegenheit. Unsere Augen werden feucht, wenn uns etwas berührt. Wir spüren Gefühle in unserem Körper, bevor wir sie benennen können. Wir nehmen ein flaues Gefühl im Magen wahr, *bevor* wir entdecken oder ahnen, dass wir hereingelegt worden sind.

Körpergefühle bringen Dinge ans Licht, die im Unbewussten verborgen liegen. Wenn wir nicht gerade frieren, zeigt uns die Gänsehaut, dass wir uns gruseln. Der verspannte Nacken zeigt uns, wie stark wir belastet sind. Wenn wir die Kiefer fest aufeinander pressen, erkennen wir unsere unterdrückte Wut. Der Körper zuckt zurück, unser Kopf wendet sich ab, und wir spüren unseren Ekel.

Unsere Augen weiten sich, wenn wir uns freuen, jemanden zu sehen, selbst dann, wenn wir uns bemühen, unsere Freude zu verschleiern. Jedes Gefühl hat ein körperliches Pendant.[60]

## Wo beginnt Intuition?

Intuition beginnt, wenn wir die *inneren* Ohren öffnen und in unseren Bauch hineinhorchen. Haben wir eine drohende Gefahr noch nicht bewusst erfasst, ist ein mulmiges Gefühl, ein diffuses Unbehagen die erste Warnung.

Wissenschaftler wollten wissen, ob sich ein solches flaues

Gefühl auch »objektiv« nachweisen lässt. Sie brachten dazu Studenten zusammen, die ein Kartenspiel miteinander spielen sollten. Der Versuchsperson wurde erklärt, es ginge darum herauszufinden, wie schnell sie das Spiel beherrschen würde. Was die Versuchsperson allerdings nicht wusste: Alle anderen Mitspieler arbeiteten zusammen, um die Testperson zu täuschen und fortwährend verlieren zu lassen.

Bei den meisten so hereingelegten Testpersonen zeigte sich, dass sie recht bald ein ungutes Gefühl bekamen. Aber erst deutlich später entwickelten sie den Gedanken, dass bei diesem Spiel nicht alles mit rechten Dingen zu ging.

Das Experiment beweist: Das körperliche Empfinden von Unbehagen ist das eigentliche intuitive Signal, der Auslöser für einen gedanklichen Check, an dessen Ende die Erkenntnis steht: Hier werde ich geleimt.

**Unsere Intuition ist wacher und aufmerksamer als unser Verstand. Wer schon kleine Empfindungen im Körper bewusst wahrnimmt, gewinnt. Die vermeintlich Überempfindlichen sind im Vorteil.**

Frauen nehmen Veränderungen in ihrem Körper wesentlich schneller und genauer wahr als Männer. Wir wissen meist, was in unserem Inneren vorgeht. Wir leben viel stärker mit unserem Körper und unseren Gefühlen. Oder wie es in der gestelzten Sprache männlicher Forscher heißt: »Frauen besitzen eine gesteigerte emotionale Selbstwahrnehmung.«[61]

Wir haben die besseren Voraussetzungen, eine vorbewusste Botschaft zu entdecken und zu nutzen.


## Haben Frauen einen sechsten Sinn?

Unsere »weibliche Intuition« verwertet winzige Informationen. Meist unbewusst.

Frauen nehmen – schneller als Männer – einen veränderten

Gesichtsausdruck, zum Beispiel ein zweifelndes, kurzes Stirnrunzeln wahr und reagieren darauf. Ein Zucken im Mundwinkel, ein unruhiges Wippen der Füße, ein ausweichender oder
abwesender Blick, Untertöne in der Stimme, ein Räuspern
während des Sprechens, das alles bemerken wir sofort. Eine
Geste, eine veränderte Mimik, die für Zehntelsekunden aufblitzt, zeigen uns Interesse oder Langeweile, Verständnis oder
Unverständnis, Widerwillen oder Zustimmung, fröhliche oder
gereizte Stimmung, Wachheit oder Erschöpfung, Zuversicht
oder Pessimismus, Selbstvertrauen oder Selbstzweifel. Wir
erkennen, ob eine Frage peinlich war oder ob im Gegenteil jemand möchte, dass wir ihn durch weitere ermuntern, mehr von
sich zu berichten. Wir spüren es, wenn wir jemanden in die
Enge treiben, oder wenn sich jemand bloßgestellt fühlt. Wir
bemerken, wenn sich ein anderer über- oder unterfordert fühlt.
Wir sehen es dem anderen an, ob er uns glaubt oder misstraut.
Wir wissen, wie wir in einem Gesicht lesen oder die Stimmung aus der Stimme heraus hören. Wir sehen an der Körper-
haltung, wie viel seelische Last ein Mensch trägt. Das ist für
uns alles selbstverständlich. Fast jede Frau tut es.
Wir nehmen Nuancen in uns auf, verbinden sie mit bereits vor-
handenem Wissen. Aus vielen Details formt sich in uns ein
komplexes Abbild des Gegenübers, seiner Emotionen, seines
Hintergrunds und seiner Bedürfnisse. Am Ende beschreiben
wir präzise, was im anderen vor sich geht und wissen um seine wunden Punkte. Das ist keine Hellseherei. Kein sechster
Sinn. Allein unsere Erfahrung und unsere Wahrnehmung erlauben solche Urteile.

### »Sinnliche« Frauen

Alle Sinne sind bei Frauen besser ausgeprägt, nur beim räum-
lichen Sehen und beim genauen Lokalisieren eines Geräuschs
sind Männer leicht im Vorteil. Ansonsten sehen, hören,
schmecken und riechen Frauen besser.

Unsere Sinne sind darüber hinaus fein aufeinander abgestimmt. Der exzellente Geruchssinn zum Beispiel ermöglicht es, schwache Duftnuancen zu unterscheiden. Und über den Geruchssinn nehmen wir unbewusst zusätzlich die Gefühlszustände des Gegenübers wahr. Wir entschlüsseln, ob jemand aufgeregt ist, sich freut, sexuell interessiert ist. Wir »wittern« unter Umständen sogar Gefahr, und manche Theorien gehen sogar so weit zu behaupten: Frauen spüren, in welchem Zustand sich das Immunsystem eines Mannes befindet.

Unser Geruchssinn ist für unsere soziale Wahrnehmung deutlich spezifischer, als viele sich vorstellen. In einer Versuchsreihe haben Wissenschaftler kürzlich untersucht, ob Menschen zwischen verschiedenen Arten von Schweiß unterscheiden können. Eine auf den ersten Blick recht unwahrscheinliche Erwartung. Umso verblüffender das Ergebnis: Fast alle Teilnehmer an diesem Experiment konnten ängstlichen von fröhlichem Schweiß unterscheiden. Darüber hinaus erkannten sie, ob der Schweiß von einer Frau oder einem Mann stammte. Und Frauen fiel es deutlich leichter als Männern, aus den »Düften« zu lesen.[62]

### Rasterfahndung

Frauen sind besser in der Lage als Männer, in einem inneren Schnelldurchgang die Parallelen zwischen jetzt ablaufenden und früheren Ereignissen herauszufiltern. Wir erkennen die Ähnlichkeiten – und nicht nur die äußerlichen – zwischen verschiedenen Menschen und ziehen aus diesen Vergleichen Schlüsse. Unser weibliches Gehirn besitzt eine höhere Dichte an Verbindungen zwischen den beiden Hälften. Hierin liegt möglicherweise eine Grundlage für unsere größere Kapazität, die Parallelen zwischen Aktuellem und Vergangenem zu erkennen. Wir besitzen mehr Vergleichspunkte.

Ranja arbeitet in einer Im- und Exportfirma für Industriebedarf. Ihr Chef zeigte ihr die attraktive Broschüre eines potenziellen, neuen Lieferanten: »Wir könnten um 15 % billiger einkaufen!«, schwärmte er, »30 % Vorkasse ist das Risiko wert, auch die Mindestbestellmenge liegt im Rahmen.« Ranja erkennt auch den möglichen Vorteil für ihre Firma und sieht sich den Text des Angebots genau an. Mit »unglaublichen Fertigungsvorsprüngen« wird dort der günstigere Preis der Firma erklärt. Stutzig, vergleicht sie es innerlich mit den Hunderten von ähnlichen Anpreisungen, die ihnen jährlich zuflattern. »Mit diesem Slogan stimmt etwas nicht. Hatten wir nicht vor drei oder vier Jahren ein ähnlich günstiges Angebot?«, fragte sie skeptisch. Ihr Chef meint sich zu erinnern: »Das war eine ganz andere Firma, die hatte ihren Sitz in Norditalien. Diese hier klingt sehr seriös!« Ranjas Bedenken waren nicht zerstreut. Akribisch forschte sie in ihrer Ablage nach dem alten (Rein-)Fall. Nach einigen Minuten hatte sie den Hochglanzprospekt der Betrugsfirma gefunden. »Parallelen ohne Ende«, erkannte jetzt auch ihr Chef. Ähnliche Sprache, ähnliche Produkte, ähnliche Gestaltung. Die gleiche Betrugsmasche! Ranjas »cross-check« ersparte ihnen eine Menge Ärger und Geld. Ihr stolzer Kommentar: »Frauenhirne tickern besser.«

### »Ich stell mir vor, ich wäre du!«

Wie ergeht es jemandem, der gerade enttäuscht oder gedemütigt wurde? Wie fühlt es sich an, eine Prüfung zu bestehen oder eine Liebeserklärung geflüstert zu bekommen?

Wir erleben eine Szene, hören, was einem Dritten widerfahren ist – sofort stellen wir uns vor, was in diesem Menschen abläuft. Frauen gelingt es auf Anhieb, sich in jemanden hineinzuversetzen: Ein kleiner Pimpf läuft atemlos hinter den Großen her, doch sein Abstand wird immer größer. Am Bahnhof verabschieden Eltern ihre Halbwüchsige für eine längere Reise. Einige alte Frauen sitzen gestikulierend auf einer Parkbank. Eine Tür wird wütend zugeschlagen.

Frauen erleben nach, was andere bedrückt oder freut, was ihnen schmeichelt oder sie irritiert, was sie kränkt oder beglückt. Sie können die Gefühle derart nachempfinden, dass sie selbst ein ähnliches Gefühl in sich erzeugen.

Je genauer wir uns ausmalen, wie sich eine Situation anfühlt, desto leichter fällt es uns, treffende Vorhersagen zu machen. Wir können anderen das Gefühl geben, dass wir sie verstehen, und wir können zielgerichtet intervenieren.

Natürlich lauert die Gefahr, in Mitleid zu ertrinken oder vor Verständnis den Überblick zu verlieren, doch solche Überreaktionen sind nicht zwangsläufig.

Mangelt es an der Fähigkeit, sich in andere hineinzuversetzen, was bei vielen Männern der Fall ist, bleibt jedes Eingreifen schematisch. Wer nicht weiß, ob Tränen aus Freude, Wut oder Trauer fließen, wird kaum die richtigen Schlüsse ziehen oder den richtigen Ton treffen.

Jeanne hatte ihren Mann verlassen. Sie weinte, und ihre Freundin wusste es sofort: Nicht Trauer, sondern eine tiefe Erleichterung ließ die Tränen fließen. »Du hast es geschafft!«, bestätigte sie Jeanne. Noch mehr Tränen flossen, aber es kam ein starkes, wenn auch verheultes »JA, ich habe wieder Luft zum Atmen!« Peter hatte seinen Job verloren. »Jetzt hab ich endlich Zeit!« Trotzig überspielt er seine Sorgen. Vera, seine Schwester, schaut ihn genau an: »Es geht dir ganz schön dreckig, oder?« Peter sinkt zusammen: »Ach, das ist alles Scheiße! Ich weiß überhaupt nicht, wie's jetzt weiter gehen soll!« Vera korrigierte: »NOCH nicht! Der Job hat dir, seit dein alter Chef weg ist, sowieso keinen richtigen Spaß mehr gemacht. Vor drei Monaten wolltest du schon Bewerbungen schreiben. Jetzt hast du einen guten Grund, endlich damit anzufangen!« Peter grinste.

## Power-Intuition

Im Gegensatz zum *bewussten* Denken, das sich langsamer vollzieht, ist Intuition eine Auswertung in Höchstgeschwindigkeit. Unzählige Verknüpfungen werden verzahnt und bewertet, ohne dass uns die Zwischenschritte bewusst werden. Unbewusst schlussfolgern wir blitzschnell – obwohl es manchmal etwas dauern kann, bis die Botschaft wirklich in unserem Bewusstsein ankommt.

Wenn wir intuitiv urteilen, werden gelerntes Wissen *und* gefühlsmäßige Beurteilung einbezogen. Sie erinnern sich: Gefühle sind die schnellsten Signale des Gehirns, die kürzeste Art, Umweltreize zu verarbeiten. Alles, was wir denken und erleben, wird von Gefühlen begleitet. Sie sind das grundlegende Raster. Gefühle allein können aber keine Auswertung leisten.

Wenn wir unserer Intuition folgen, dann treffen wir eine gut abgesicherte Entscheidung. Es wurden mehr Informationen verarbeitet als bei jeder bewussten Entscheidung. Die unbewusste Auswertung einer Vielzahl von Fakten hat der Intuition den Weg gewiesen.

Eine Geschäftsfrau, die von ihrer Geschäftspartnerin hintergangen wurde, brachte ihre Unentschlossenheit, ob sie ihr wieder vertrauen könnte, auf den Punkt: »Mein Herz sagt verzeihen, aber mein Verstand *und* meine Intuition sagen: Trennen!« Auch wenn es sonderbar erscheint, unsere Intuition ist unserem Denken verwandter als unserem Fühlen.

### Wann wird Intuition anerkannt?

Über die weibliche Intuition wird immer wieder gespottet und dennoch verlassen sich viele ihrer männlichen Kritiker auf diese »lächerlichen« Eingebungen. Natürlich geht niemand zu seiner Bank und sagt: »Meine Frau hat eine Ahnung, dass meine Idee mit der neuen Maschine Erfolg versprechend ist. Bitte geben sie mir einen Kredit.« Aber die Ahnung ihrer Frau gibt Männern den Mut, ihre Ideen zu verwirklichen. Und wenn die Gattin zweifelt, hat auch das Gewicht: »Ich habe ein schlechtes Gefühl. Mit Herrn XY stimmt etwas nicht, ich würde das Auto nicht von ihm kaufen.« *Ihr* Einwand trifft auf offene Männerohren.

Manche Männer verlassen sich auch auf ihre eigene Intuition. Nur nennt das starke Geschlecht seine intuitiven Gaben mit Vorliebe »männlichen Instinkt«. Letztendlich greifen sie bei ihren instinktiven Schlussfolgerungen jedoch auf die gleichen Speicher zurück wie Frauen. Da es bei Menschen keine reine Instinkt-Reaktion gibt (nur Tiere handeln instinktiv), werden die Begriffe letztlich synonym verwandt. Der wesentliche Unterschied besteht in der Nachbearbeitung: Männer motzen ihre Intuition geschickt mit logischen Aussagen auf *und* verlieren das Wissen um die intuitive Quelle.

Gerald verwies bei der Suche nach einem günstigen Gebrauchtwagen auf den äußeren Eindruck des Motors. Er leitete seine Zweifel an der Qualität des Wagens daraus ab. In Wirklichkeit war ihm der Verkäufer unangenehm.

Männer glauben – nicht ganz zu Unrecht –, in einer Männerrunde würde ihnen mehr Anerkennung gezollt, wenn ihre Intuition ein argumentatives Mäntelchen trage. Vielleicht macht dies sogar Sinn, denn ihre intuitiven Fähigkeiten sind weniger ausgeprägt und weniger treffsicher als die weiblichen.

Könnte Gerald akzeptieren, dass er auf die Person des Verkäufers reagiert hat, dann könnte er auch zugeben, dass sein Sachwissen gar nicht ausreicht, um den Motor mit einem Blick zu beurteilen. Erst danach wäre es sinnvoll zu entscheiden: »Will ich meinem Zweifel an der Seriosität dieses Menschen folgen und auf keinen Fall ein Geschäft mit ihm machen? Oder: Soll ich einen fachkundigen Helfer hinzuziehen?« Ein solcher Helfer würde auf einer sachlicheren Ebene beurteilen, ob der Kauf ratsam ist. Denn der Preis war günstig, und vielleicht verpasste er gerade eine gute Gelegenheit. Solche Überlegungen kann Gerald aber erst anstellen, wenn er Klarheit über den wirklichen Anlass seines Zweifels besitzt, wenn er seinem Bauchgefühl vertraut hat.

## Intuition: schnell und sicher

Stören wir uns nicht an den Schmähungen – die weibliche Intuition ist eine unschlagbare Kraft. Instinktiv tun wir das Richtige. Unbewusst und schnell greifen wir auf eine Vielzahl von Informationen, Gefühlen, Erfahrungen zurück, wägen Kenntnisse ab, bewerten und kommen zu einer Lösung, die unser Bewusstsein so schnell und effektiv nicht hätte finden können. Wir verfügen über einen immensen Vorrat an passivem »Wissen« (ähnlich dem passiven Wortschatz einer Fremdsprache), das uns befähigt, uns selbst zu schützen, Probleme zu lösen, kreativ zu sein.

**Wir nehmen unbewusst winzige Signale wahr und setzen sie in Bruchteilen von Sekunden in Handlung um.**

Bevor wir etwas denken, hat unser Unterbewusstsein[63] unterschiedlichste Details erkannt und verarbeitet. Unsere Intuition arbeitet schneller und treffsicherer als unser Verstand.

Dennoch ist auch Vorsicht angezeigt. Oft wird Intuition verwechselt mit selbst erdachten Ängsten, mystischen Weissagungen und Ähnlichem. In Parkhäusern ständig lauernde Gefahren zu sehen ist eine erfundene Angst. In Vollmondnächten schlechter schlafen zu können, mag an der helleren Nacht liegen. Alles darüber hinaus ist Spekulation. Wenn Ihnen erzählt wird: »Ich hab einen dunklen Schatten über euch gesehen, seid heute besonders vorsichtig«, wird Mystisches beschworen. Mit Intuition hat solche »schwarzmalerische« Weissagung nichts zu tun.

Sehr viel mit Intuition hat folgende Geschichte zu tun: Eine Rechtsanwältin, die ihre Firma häufig in China vertritt, erzählte mir, sie sei die Einzige, die dort Rechtsstreitigkeiten durchgefochten und gewonnen habe: »Ich schau mir die Chinesen genau an, und wenn ich das Gefühl habe, einer steht auf meiner Seite, dann rede ich freundlich mit ihm. Und wenn ich spüre, er ist gegen uns, dann wird meine Stimme ziemlich unfreundlich und scharf.« Sie spricht kein Chinesisch, alles wird übersetzt. Aber der Angesprochene spürt sehr wohl, in welcher Grundstimmung die Anwältin ihn anspricht. Ihre männlichen Kollegen kapitulierten vor der Wand scheinbar gleich wirkender Kontrahenten und verließen das Feld nahezu kampflos. Besonders beeindruckt hat mich diese Geschichte, weil ein Anwalt, der selbst Halbchinese ist und sich auch in Mandarin (einer chinesischen Amtssprache) verständigen kann, berichtet, dass er kaum eine Chance hat, in China einen Prozess zu gewinnen, weil er sich trotz seiner Sprachkenntnisse nicht in die Mentalität der Menschen einfühlen kann.

## Intuition mit Spätzündung

Jara suchte einen neuen Mitarbeiter für ihre Seminargesellschaft. Es ist schwer, gute Trainer zu finden, die sozial kompetent und persönlich integer sind. Als Gerd sich vorstellt, ist sie begeistert. Er hat schon für größere Firmen gearbeitet. Er spricht ihre Sprache, er hat Therapieerfahrung, kennt sich mit Menschen in seelischen Schwierigkeiten aus und hat außergewöhnliche Vorschläge, wie Seminare für die Teilnehmer noch attraktiver gestaltet werden können. »Er würde genau in meine Mannschaft passen!« Jara notiert wie immer die markanten Informationen, zum Beispiel die verschiedenen Institute, bei denen Gerd interessante Fortbildungen absolvierte. Am Abend, Stunden später, kommt Jara das Vorstellungsgespräch wieder ins Gedächtnis, und sie spürt: »Ich werde unruhig.« Sie schüttelt sich: »Was ist dort abgelaufen? Warum habe ich ein seltsames Gefühl?« Jara hat keine genaue Idee, aber sie beschließt, Gerd genauer unter die Lupe zu nehmen. Sie ruft einen Kollegen an und erzählt ihm von ihrem unerwarteten Stimmungsumschwung. Er hört ihr zu, hat aber keinen Schimmer, was dahinter stecken könnte.

Ein Tag vergeht. Jara kommt nicht zur Ruhe. Am Abend blättert sie das Telefonbuch durch und findet fast »zufällig« die Nummer des evangelischen Sektenbeauftragten. Spontan ruft sie dort an und fragt: »Wie kann ich erkennen, ob jemand Mitglied in einer Sekte ist?« Auf den ersten Blick gibt es dafür keine Anzeichen, aber oft ergibt sich ein Hinweis durch die Firmen, die mit solchen Kreisen in Verbindung stehen, erfährt sie. Erleichtert holt Jara ihre Aufzeichnungen heraus. Volltreffer. Gerd ist Scientologe.

## Intuition ist schlecht zu vermitteln

Wer intuitiv entscheidet, kann seine Handlung nicht so ohne weiteres durch Erklärungen oder Beschreibungen untermauern – kann im Nachhinein nicht ohne nachzuforschen benennen, warum etwas funktioniert hat.

Ein Mensch, der logisch entscheidet, hat ein Bündel fester Bewertungen, die er recht genau und auf Abruf reproduzieren kann. Seine Wege, zu einer Entscheidung zu kommen, sind übertragbar auf unterschiedliche Situationen und auf verschiedene Aufgaben. Er fühlt sich stark, ist seiner Sache sicher, weiß, wie er etwas bewirkt hat. Und er weiß, dass er verschiedene Lösungswege für unterschiedliche Problembereiche besitzt.

Ulf ist im Prüfungsstress und hat Zahnschmerzen. Kurz entschlossen unterbricht er sein Lernen: »Der Zahn geht vor. Wenn es dem Zahn besser geht, kann ich wieder unbelastet pauken. Logisch!« Leider kann der Zahnarzt weder Karies noch einen Eiterherd entdecken und rät deshalb zum Abwarten. Ulf ist enttäuscht. Schon bei leichtem Druck auf den hinteren Backenzahn spürt er den Schmerz deutlich. Zwei Meinungen sind besser als eine. Logisch. Ulf konsultiert den nächsten Zahnarzt, diesmal eine Ärztin. Auch sie findet keine körperliche Ursache. Aber sie fragt ihn, ob er unter besonderem Stress steht. Ulf erklärt seine Situation. »Der Lernstress könnte ein Auslöser sein!«, erklärt die Ärztin. Doch Ulf bleibt skeptisch. Aber jetzt lernt er trotz Zahnschmerzen weiter. Auch am Prüfungsmorgen wacht er mit Schmerzen auf. Allerdings, eine Stunde nach dem Examen sind sie verschwunden. »Wie weggeblasen.« Eigentlich logisch!

Solange Probleme mit Rechenaufgaben vergleichbar sind, ist logisches Vorgehen sinnvoll. Viele Männer sind regelrecht verliebt in Logik. Sie wünschen sich sehnlich, das Leben wäre eine Rechenaufgabe und damit einfach zu kalkulieren. Also erschaffen sie eine Welt, die fortwährend behauptet, von rationalem Kalkül bestimmt zu sein. Theoriegebäude werden errichtet, hoch wie der Turm von Babylon, und bewundert. Aber fragen Sie einen theoretischen Physiker, er erklärt es Ihnen ganz genau: »Selbst wir (Physiker) kreieren lediglich ein Modell der Wirklichkeit, und solange es keinen Widerspruch zu den Experimenten gibt, stimmt das Modell. Aber in den letzten dreißig Jahren haben wir fast jedes Jahr unser Modell umschreiben müssen. Jedes war zwar in sich logisch, aber leider stimmte es nicht mit der Welt, mit unseren Experimenten überein.«

Frauen werden weniger irritiert, wenn sich etwas außerhalb der Logik ereignet. Das ist auch gut so. Dennoch liegt hier ein Handicap. Unsere Intuition wird niemals exakten Regeln gehorchen. Sie wird immer ein Prozess sein, der in unserem Inneren abläuft und von dem wir erst zum Schluss einen Fingerzeig erwarten können. Nicht mehr!

Wenn wir im Nachhinein mit Ruhe und Abstand eine intuitive Entscheidung beleuchten, lassen sich einige Faktoren entschlüsseln, aber wir werden nicht alle entdecken können. Es bleibt ein Bereich von Unsicherheit.

Wer seine Intuition offensiv als Fähigkeit vertritt, kann andere leichter überzeugen, wenn er oder sie treffsichere Intuition schon unter Beweis gestellt hat.

Severin ist Graphikerin, sie hat für eine ganze Reihe von Magazinen Entwürfe für Titelbilder gestaltet. Sie kann eine ansehnliche Mappe von großen Aufträgen vorweisen, an denen sie mitgearbeitet hat. Für sie ist es keine große Sache, einen Vorschlag mit dem Argument: »Ich spüre, das wird was!« anzupreisen.

Doch nicht jede kann auf solche Vorschusslorbeeren zurückgreifen, und es ist dennoch richtig, sich auf das gute Gespür zu berufen. Wir müssen lernen, ganz selbstverständlich zu sagen, »Ich habe ein schlechtes Gefühl!« »Mein Bauch will in eine andere Richtung!« »Ich spüre einen deutlichen Widerstand in mir!« Oder: »Ich fühle, so wird es funktionieren!« Es lassen sich natürlich viele Argumente hinterherschieben. Wir müssen nur anerkennen, dass es sich bei diesen nachgeschobenen Gründen nicht um den Kern unserer Wertung handelt. Der Kern bleibt unser Bauchgefühl. Wir und andere müssen akzeptieren, dass sich solche Wertungen manchmal einer gesicherten rationalen Begründung widersetzen. Selbst, wenn wir schon hundertmal erfahren haben, wie richtig wir mit unserem Riecher lagen, können wir uns mit unseren »logischen« Argumenten höchstens in die Nähe einer kausalen Erklärung vortasten. Unser Bauch gibt uns einen Hinweis – jetzt beginnen wir nach Fakten zu suchen, die unsere Idee unterstützen.

**Unsere Intuition erfährt mehr Anerkennung, wenn wir in der Lage sind, sie mit konkreten Argumenten zu untermauern. Wir *und andere* können unsere emotionalen Wertungen so besser verstehen. Wenn wir ahnen: »Ich misstraue diesem Menschen!«, ist es gut, weitere Indizien zu suchen: ihn zum Beispiel genauer zu befragen, um mehr über ihn zu erfahren, und andere um ihre Einschätzung zu bitten.**

**Und wir finden durch Nachprüfen heraus, wenn unser Bauchgefühl uns getäuscht hat. Denn: Wir können mit einer Intuition auch falsch liegen. (Ich werde später noch darauf zurückkommen.)**


### Die kleinen Gefühle zählen

Wir begegnen einem Fremden auf einer Party und reagieren spontan: Wir wollen ihn kennen lernen. Der Entschluss ist in Sekunden gefasst: Ansprechen! Wird das Gespräch anregend, wechseln wir fast automatisch vom banaleren Smalltalk zum intensiven Austausch. Schnell und unbemerkt treffen wir täglich Hunderte von Entscheidungen. Rein intuitiv. Ein spontanes Gefühl, eine plötzliche Stimmung, manchmal auch ein Traum oder eine Phantasie zeigen uns den Weg. Ihre Botschaft bleibt oft undeutlich, schwach und kurzlebig, berührt kaum die Schwelle unserer Wahrnehmung. Sie muss erst in einen verständlichen Zusammenhang gebracht werden. Es gibt keinen logischen Anhaltspunkt, der die Intuition unterstützt. Sie kann sogar störend oder lästig sein.

Mona hat ein Faible für rassige Machotypen. Sie weiß instinktiv, dass sie ein hohes Risiko eingeht, betrogen zu werden, aber ihre Lust fordert: »Haben wollen!« Zum Glück kann sie zwischen sexueller Begierde und Liebe unterscheiden. Doch der Konflikt: »Nur solche Männer ziehen mich an, aber sie erweisen sich regelmäßig als Reinfall!« bleibt ungelöst.

Selbst Menschen, die sich auf eine gute Intuition verlassen können, erleben, dass heftige Gefühle von Liebe, Trauer, Sexualität, Hunger oder Müdigkeit ihre Intuition vollständig matt setzen können. Glück, Hass, Neid, Eifersucht oder Begierde können den Informationskanal zu tiefer liegendem intuitiven Wissen blockieren.

### Intuitive Wegweiser

Intuition begegnet uns als Gefühl, als Stimmung, als Traum. Der Schlüssel zur eigentlichen Botschaft ist der Satz »Was sagt mir das?« – »Was lässt mich so fühlen?«

Sie befinden sich in einem Bewerbungsgespräch und fühlen sich unbehaglich. Fragen Sie sich: »Was oder wer löst diese Stimmung in mir aus?« Vielleicht erkennen Sie, dass die gestellten Fragen Ihnen unpassend erscheinen. Es werden Dinge abgefragt, die wenig mit Ihren Fähigkeiten zu tun haben. Wer Sie zum Beispiel nach Krankheiten fragt oder nach der Qualität Ihrer Ehe, will Dinge in Erfahrung bringen, die ihn nichts angehen. Wenn man wenig über Bewerbungsgespräche weiß, ist einem auch unklar, dass solche Fragen nicht zulässig sind, bzw. dass Sie darauf nicht ehrlich antworten müssen. Aber Ihr Gefühl lässt Sie ahnen, dass etwas nicht stimmt.

Wir können Fragen leichter zurückweisen oder geschickt lügen, wenn wir es schaffen, genauer zu entschlüsseln, was unser Unterbewusstsein angesprochen hat.

> **Denken Sie daran, es gibt beim Fühlen kein falsch. Jedes Gefühl hat eine Ursache. Stimmungen sind eine Sprache der Intuition.**

**Haben Sie jemals Angst gespürt, ohne einen offensichtlichen Grund zu erkennen? Haben Sie schon einmal Ärger gefühlt, ohne zu wissen worüber? Waren Sie schon mal traurig, obwohl Sie mit fröhlichen Menschen zusammen waren?**

**In jedem Fall hat wahrscheinlich Ihre Intuition versucht, Sie zu erreichen.**

**Wenn Sie etwas fühlen, ohne zu wissen warum, wenn Sie ein Gefühl nicht zuordnen können oder nicht verstehen, kann es ein Hinweis sein, dass Ihre Intuition versucht, Ihnen etwas mitzuteilen.**

Männer haben gelernt, ihre Gefühle zu verbergen und im Zaum zu halten. Emotionen sind für viele ein Zeichen von Schwäche – und genau das erschwert ihnen den Zugang zu ihren Bauchgefühlen.

### Lügner erkennen

Intuition erkennt falsches Lächeln, durchschaut oberflächlichen Charme, sieht hinter künstliche Attraktivität. Sie übergeht das Äußerliche und stößt auf das Wesentliche.

Hinterhalt, Schläue oder Doppelspiel sind Aktionen des Verstandes. Jemand hat sich entschieden, uns hereinzulegen.

Letztlich können wir aber nur erkennen, was unsere Augen und unsere Ohren an Gegensätzlichem wahrnehmen. Den perfekten Lügner kann auch unsere Intuition nicht enttarnen. Sie arbeitet nicht wie ein Lügendetektor. Sie hat nur deshalb eine Chance gegen einen Betrug, weil auch geübte Schwindler kurze Beine haben. Auch ihnen unterlaufen Pannen dort, wo sie Lüge und Realität verbinden müssen. Diese Schnitzer kann eine gut funktionierende und wachsame Intuition erahnen.

Theo war fremdgegangen. Er hatte ein perfektes Alibi aufgebaut, aber Nicole war nicht zu täuschen: »Du riechst nach einer anderen!« Alles Duschen und Deodorieren konnte die Spur des Abschiedskusses nicht überdecken.

**Es kommt nicht darauf an, wie viele gute Gründe dafür sprechen, dass jemand ein Freund ist, wenn die Intuition uns warnt, dann gilt immer: Finger weg.**

Anne hatte einen netten Mann kennen gelernt. Zwar musste sie ihn mit seinem 12-jährigen Sohn teilen, aber im Großen und Ganzen war die Beziehung ein Fortschritt. Vorher war sie stets an flatterhafte und unzuverlässige Männer geraten, und die Menge ihrer Enttäuschungen »summiert sich zu einem Millionenbetrag«, wie sie es ausdrückte. Jetzt hoffte sie, einen zuverlässigen Freund gefunden zu haben. Allein schon, wie verantwortungsvoll er mit seinem Kind umging, schien Beweis genug: »Er ist anders als die anderen.« Fast alle Freunde hatten ein ungutes Gefühl bei dieser neuen Liaison, aber Anne sagte immer: »Es geht mir gut. Er ist wirklich ein ganz besonderer Mensch.« Zwei Jahre lang schaffte sie es, die Augen davor zu verschließen, dass er ausschließlich auf ihre Kosten lebte. Nachdem er unter fadenscheinigem Vorwand auch noch ihr Sparbuch leergeräumt hatte und sie in einem Prozess ihr Geld einklagen musste, gab sie kleinlaut zu: »Ich hatte immer das Gefühl, dass Geld für ihn viel zu wichtig war.« Ihren Humor hat sie zum Glück nicht verloren: »Er hat mich ausgenommen wie eine fette und ganz besonders dumme Gans!«

Stimmt in einer Beziehung etwas nicht, entspannen Sie sich,

achten sie auf Missklänge und -stimmungen. Nehmen Sie jedes Warnzeichen ernst. Ihre Intuition wird Ihnen helfen, zu erkennen, wie die Lage ist.

Spielt Intuition eine wichtige Rolle in Ihren Beziehungen? Ist sie wichtig für Ihre Entscheidungen? Oder sind Sie eher durch Verstand, Vernunft und Logik bestimmt?

**Es gibt eine Möglichkeit abzuschätzen, inwieweit Sie Ihre Intuition einsetzen, selbst wenn Sie von sich glauben, seltener von ihr Gebrauch zu machen.**

**Beantworten Sie die folgenden Fragen spontan, ohne größeres Nachdenken:**

- **Sind Sie sich in der Regel Ihrer Gefühle bewusst?**
- **Sind Sie eher ein impulsiver Mensch?**
- **Fühlen Sie sich meistens gut mit Entscheidungen, die Sie getroffen haben?**
- **Erkennen Sie normalerweise, was gut und was schlecht für Sie ist?**
- **Improvisieren Sie gern?**
- **Wenn Sie eine »Ahnung« haben, folgen Sie ihr?**
- **Folgen Sie Ihren Impulsen?**
- **Können Sie sich leicht in andere einfühlen?**[64]

Wenn Sie höchstens dreimal mit »Nein« bei diesen Fragen geantwortet haben, dann dürfen Sie davon ausgehen, dass Sie Ihrer Intuition folgen, selbst wenn Sie bisher glaubten, ein eher rationaler Mensch zu sein.

### Dem seltsamen Gefühl vertrauen

Dieses innere Ziehen und Grummeln im Bauch, das kennen die meisten, doch nur wenige halten für einen Moment inne und fragen sich: »Was will mein Körper, mein Inneres, meine Intuition mir damit sagen?« Einmal der inneren Stimme auf die Spur gekommen, lässt sich unsere Achtsamkeit auf das richten, was um uns herum geschieht: »Was stimmt hier nicht?« Wenn wir geduldig in uns hineinhorchen, können wir genau festmachen, mit welchem Umstand, mit welchem Menschen unser ungutes Gefühl zusammenhängt!

Am Anfang führt das hin und wieder zu zermürbenden inneren Streitgesprächen. »Was stört dich denn so? Nun sag schon. Sei nicht so empfindlich. Sieh nicht so schwarz.« Wir diskutieren mit unserer inneren Stimme, wie mit einem lästigen Kind oder einem überempfindlichen Sensibelchen. Es ist ein Prozess des fortwährenden genauen Hinspürens und des Zulassens. Wir fragen uns, woher kommt das unscharfe, nebulöse Grummeln? Wir wollen herausfinden, an welchen äußeren Bedingungen es festzumachen ist, und welche Störung oder Unregelmäßigkeit die Ursache ist.

Durch die Intuition angeregt, lässt sich erkennen, woher der Impuls kam. Welcher Mensch für welches äußere Signal verantwortlich sein könnte. Unser Verstand kann dann prüfen, welches Risiko, welche Information, welche Verbindungen bestehen. In vielen Fällen zeigt sich schnell, wie die Intuition zustande kam und was wir aus ihr ableiten können.


## Der wachsame Bauch

Wer sich generell ängstigt, in einem Parkhaus überfallen zu werden, sieht die Welt zu schwarz. Die Gefahr ist de facto gering. Die Vorstellung, in einem Parkhaus angegriffen zu werden, stellt eine ziemlich unwahrscheinliche Bedrohung dar, vor der sich niemand fürchten muss. Diese erfundene Angst verhindert echte Wachsamkeit. *Aber:* Wenn ein Mann in einem Parkhaus eine Frau mit erkennbarer Aufmerksamkeit betrachtet, wenn er scheinbar ohne Grund das Parkhaus nicht verlässt, wenn er langsam oder zögerlich geht, sich ungewöhnlich verhält, kein rechtes Ziel zu haben scheint, dann stellt ER eine faktische Bedrohung dar.[65]

In einer realen Umgebung sind diese Fakten nur ein Bruchteil der Indizien, die eine wachsame Frau verarbeiten würde, wenn sich ihr ein Mann bedrohlich nähert.

Gefahr zu leugnen wäre in *dieser* Situation dumm. Die Frau, die jetzt nicht sofort dieser Warnung folgt, setzt sich fahrlässig dem Risiko eines Überfalls aus. Wer sich trotz der Warnzeichen selbst beschwichtigt, sich einredet: »Es wird schon nichts sein. Ich schaue ihn streng an. Ich stelle ihn zur Rede.« oder wer die Gefahr ignoriert »Was soll er von mir denken, wenn ich einen deutlichen Bogen um ihn mache?«, verhindert eine wachsame, tatkräftige Reaktion.

Panik ist allerdings nie hilfreich. Tatsächlich hilft es uns nur, wenn wir diese Szene sofort verlassen und, falls notwendig, mit einer Vertrauensperson zurückkehren oder unser Abwehrgas griffbereit halten.

Aber bitte verlieren Sie nicht aus den Augen: Eine solche Situation ist äußerst selten. Hunderttausend Frauen fahren täglich in Parkhäuser und werden nicht bedroht.

### In fremden Betten

Intuition wirkt äußerst vielfältig. Letztlich begleitet sie uns im Hintergrund rund um die Uhr. Selbst im Schlaf. Wir schlafen in einer fremden Umgebung oft nicht besonders gut, weil wir die neuen Geräusche nicht einordnen können. Ein harmloser Laut kann uns mitten in der Nacht aufschrecken lassen, doch nach zwei oder drei Nächten hat sich unser Unterbewusstsein darauf eingestellt. Leute, die in die Nähe von Kirchen gezogen sind, erinnern sich sicher daran, wie sie in den ersten Nächten durch den Glockenschlag aus dem Schlaf geschreckt wurden. Das Knistern von Holzverkleidungen und Heizungen lässt uns in der neuen Wohnung aufwachen. Im Schlaf zeigt sich deutlich die Schutzfunktion der Intuition: Ein Geräusch, das unser Unterbewusstsein noch nicht im Schlaf registriert hat, ist beunruhigend. Wir wachen auf. Gewohnte Geräusche, selbst laute Glocken, Eisenbahnquietschen oder Verkehrslärm lassen uns ruhig weiter schlafen.

## »Ich weiß« ist wertvoller als »Ich hab's gewusst«

Eine junge Mutter berichtete: »Drei Tage lang habe ich gespürt, mit meinem Kind stimmt etwas nicht. Es war viel ruhiger als sonst, saß still herum anstatt zu spielen. Aber ich habe nicht weiter darüber nachgedacht.« Als das Kind hohes Fieber bekam, ging sie zum Arzt. Er erkannte den Zeckenbiss, der eine schwere Infektion verursacht hatte. Das Kind geriet in einen kritischen Zustand. Und die Mutter war umso verzweifelter, weil der Arzt ihr sagte: »Wären Sie früher gekommen, hätte man die Infektion leicht eindämmen können.«

**Wer sich wieder und wieder erst im Nachhinein eingesteht, dass ihn irgendetwas gestört hat, misstraut seiner Intuition.**

Eine Freundin erzählte, sie hätte ein neues Auto in einer 300 Kilometer entfernten Großstadt gekauft und nach einigen Kilometern ein merkwürdiges Motorgeräusch wahrgenommen. Das habe sie so sehr irritiert, dass sie den Straßendienst bat, ihren Wagen zu überprüfen. Der Monteur glaubte nicht an einen defekten Motor bei einem Neuwagen, das schien ihm ausgeschlossen. Eine kurze Überprüfung erbrachte kein Ergebnis: »Sie können ganz sicher weiterfahren!«, feixte er. Aber die Freundin war hartnäckig, sie wollte keinen Meter mehr mit diesem Wagen fahren. Das Geräusch war für sie eindeutig, darum spornte sie den Mechaniker zu einer erneuten Suche an. Fast musste sie ihn zwingen. Und jetzt fand er, an einer schlecht zugänglichen Stelle, ein vergessenes Reinigungstuch: »Da haben Sie aber Glück gehabt. Wenn Sie weitergefahren wären, hätte es den Motor sicher ruiniert!« – »Glück?«, fragte meine Freundin. Zugegeben, es ist ein riesengroßer Schritt von der Intuition »Hier stimmt etwas nicht!« zu der massiven Einflussnahme auf einen Fachmann, der sicher viel mehr von Autos versteht als meine Freundin.

Hier war es nur ein Auto, aber ich habe auch die Energie einer Mutter erlebt, die trotz geballter ärztlicher Abwehr wusste

»Mit meinem Kind ist etwas absolut nicht in Ordnung!« Diese Mutter hat im Krankenhaus Himmel und Hölle in Bewegung gesetzt. Sie ließ sich durch die Ärzte nicht beschwichtigen und schenkte ihnen keinerlei Glauben, als diese erklärten: »Es ist nichts festzustellen, es gibt keinen Hinweis auf eine ernsthafte Erkrankung. Das Kind ist völlig in Ordnung, wahrscheinlich hat es nur eine harmlose Erkältung.« Schließlich wies eine Blutuntersuchung einen Tropeninfekt nach, an den vorher niemand gedacht hatte. Hier hätte eine Verschleppung lebensbedrohende Ausmaße annehmen können.

»Ich habe stur kämpfen müssen. Alle haben mich für hysterisch gehalten, aber ich wusste einfach, dass etwas nicht stimmt. Ich war mir absolut sicher. Deswegen hatte ich auch die Energie, gegen das überhebliche Lächeln und das scheinbar unantastbare Wissen der Ärzte anzugehen. Schließlich kenne ich mein Kind besser als jeder andere. Ich hatte keine Argumente, also musste ich bockig sein. Ich konnte mich auf keine Diskussion einlassen, denn über mein Gespür gab es nichts zu diskutieren. Es war da und verlangte Unnachgiebigkeit.«

**Wer seinen Bauchgefühlen traut, wird früher oder später vor ähnlichen Problemen stehen und sich vehement verteidigen müssen.**

**Nur stoische Beharrlichkeit, ein bedingungsloses Nein und das kategorische »So oder gar nicht!« werden Sie durchs Ziel bringen.**

### Gefahren verleugnen?

Die älteste und wahrscheinlich auch heute noch wichtigste Aufgabe unserer Intuition ist es, uns vor Gefahren zu warnen. Aber unser zivilisierter Verstand spielt uns dabei in mancher Hinsicht ziemliche Streiche.

Tiere reagieren direkt auf Angst. Sie zeigen sofort erhöhte Aufmerksamkeit. Die selbstbeschwichtigende Botschaft: »Wahrscheinlich ist nichts« kommt bei Tieren nicht vor. Menschen hingegen sehen oft lieber nicht genau hin, wenn ihnen Signale von Gefahr begegnen. Wir befürchten leicht, jemandem Unrecht zu tun, uns lächerlich zu machen oder als hysterisch zu gelten. Und deshalb verleugnen wir manchmal sogar dramatische Bedrohungen.[66]

Ediths und Brunos eheliche Auseinandersetzungen wurden von härtesten verbalen Attacken begleitet. Beide hatten in ihrer Wut schon schwere Gegenstände in Richtung des Partners geworfen. Edith spürte, dass die Beziehung »mehr als zu Ende war«. Sie ahnte, dass die Bedrohung mit jeder neuen Konfrontation größer werden würde. Doch selbst als in einem weiteren Streit ein schwerer Lampenfuß flog, eindeutig auf ihren Kopf gezielt, ignorierte sie ihre Intuition. Sie beschwichtigte ihre Angst und glaubte, dass ihre Streitereien jetzt sicher den »Höhepunkt erreicht hätten«. Sie redete sich ein, die Situation im Griff zu haben: »Streit gibt es überall. Es wird bestimmt nie zum Äußersten kommen, schließlich will er mich nicht wirklich verletzen.« Eine trügerische Hoffnung.

Edith wachte erst auf, als Bruno in seiner Wut, die er nicht mehr kanalisieren konnte, das große Küchenmesser in der Hand hielt. – Sie verließ ihn noch in dieser Nacht.

Ein Unternehmensberater, der die Sechzig überschritten und seine Schäfchen längst im Trockenen hat, kann einfach nicht aufhören, sich hinter seinem Schreibtisch einzugraben, obwohl ihn zwei gefährliche Hirnschläge mehr als deutlich gewarnt haben. Sein Leben ist in echter Gefahr, seine Intuition warnt ihn: »Wenn ich mal schlecht drauf bin, denk ich: Du machst dich hier vollkommen fertig! Aber wenn ich mich dann in die Arbeit vertiefe, ist das Gefühl schnell wieder verschwunden.« Trotz innerer Warnung ändert er seinen Lebensstil *nicht,* sondern steckt den Kopf in den Sand: »Es gibt heute so gute Medikamente, es wäre doch gelacht, wenn ich nicht 90 Jahre alt würde.« Er will einfach nicht wahrhaben, dass er nicht weiter machen kann wie bisher, wenn er auch nur eine kleine Chance haben will, so alt zu werden. Er bleibt verheiratet mit seinem Büro, bis dass der Tod …

Wir kaufen das Auto mit allen Sicherheitsextras, aber fahren mit deutlich überhöhter Geschwindigkeit. Jeder kennt das Zittern in den Knien, wenn er eine Kurve zu schnell genommen hat und nur knapp heil davon gekommen ist. Unsere Intuition hat uns deutlich gezeigt, das Risiko ist zu hoch. Doch wir blenden diese Warnung schon wenige Minuten später wieder aus und testen weiter den Grenzbereich unseres fahrerischen Könnens: »Ich habe doch ein sicheres Auto!«

Verkehrsexperten stellten in den siebziger Jahren fest: Autofahrer fuhren im Mittel schneller, nachdem sie den Sicherheitsgurt anlegen mussten. Sie fühlten sich sicherer und glaubten, so geschützt, Gas geben zu können.

Viele Menschen neigen dazu, echte Gefahren zu leugnen. Sie passen ihnen einfach nicht ins Konzept, weil sie auf den ersten Blick unangenehme Konsequenzen hätten. Die Frau, im ersten Beispiel, will ihren Mann nicht verlassen, weil sie zu viel Unwägbares auf sich zukommen sieht. Der Berater will seinen Status des erfolgreichen Machers nicht ankratzen, an seiner uneingeschränkten Leistungsfähigkeit keinen Zweifel aufkommen lassen, und der draufgängerische Fahrer fürchtet, sein cooles Image zu verlieren.

Unsere Intuition gibt deutliche Fingerzeige, wenn wir uns in einem gefährlichen Fahrwasser bewegen. Wir nehmen sie oft nicht ernst und überhören oder leugnen die Warnung sogar.

## Sorgen vergeuden Zeit, Intuition nicht

Sorgen verhindern klares Denken. Bestimmt erinnern Sie sich an Menschen, die wegsehen, wenn anderen Gefahr droht: Eine Zehnjährige läuft über eine kopfhohe Mauer, die ängstliche Großmutter macht sich Sorgen. Sie hat dafür letztlich keinen echten Grund. Es gibt keine Anzeichen, dass die Enkelin der Aufgabe nicht gewachsen ist. Trotzdem: Bei diesem mutigen

Test der eigenen Fähigkeiten kann die Oma nicht zuschauen. Und was geschieht? Sie wendet sich ab. Eine einfältige Reaktion. Wenn etwas passiert, kann sie den Sturz nicht abfangen. Sorgen lösen manchmal solche törichten Reaktionen aus. Solange wir nicht aktiv werden, blockieren die Sorgen uns. Sie werden zum quälenden Kopfkino und treten an die Stelle einer konstruktiven Handlung. Die Sorge gaukelt uns vor, wir würden uns mit dem Problem beschäftigen. Ohne dass es uns bewusst wird, machen wir einen inneren Deal: »Ich mache mir große Sorgen, dadurch bin ich moralisch davon befreit, durch eigenes Tun in die Konstellation, die mir Sorgen bereitet, einzugreifen.«

Und wir hoffen auf den Ablass. Wir glauben, uns von der Verantwortung, zu handeln und einzuschreiten, befreien zu können, indem wir uns sorgen. Doch der Handel geht nicht auf.

Wenn die Großmutter will, dass das Kind herunterkommt, wird ihr Sich-Abwenden die Mutige auf der Mauer kaum davon überzeugen, dass die Gefahr zu groß ist. Aber auch der erschreckte Ausruf: »Pass auf, pass auf!« wird das Kind höchstens irritieren. Es gibt nur zwei akzeptable Reaktionen: »Komm sofort herunter!«, falls das Kind noch nicht balancieren kann. Oder, falls es unaufmerksam ist: »Sei vorsichtig! Wenn du glaubst, dass du es kannst, dann probier es!« Wenn die Besorgte immer noch zweifelt, kann sie nah an die Mauer herangehen, wach wahrnehmen, wie sicher sich der Sprössling fühlt, und jede Sekunde neu entscheiden, ob sie eingreifen will.

**Was tun?**

Wenn eine Frau sich sorgt, dass ihr Mann, der beruflich viel unterwegs ist, einen Autounfall haben könnte, so ist dies zwar verständlich, doch Grübeln wird sie nur nervös machen und die Sorgen werden nichts verändern. Das Einzige, was sie tun könnte, wäre, sich bewusst zu werden, dass er schon jahrelang unfallfrei fährt und einen gelassen souveränen Fahrstil hat. Oder: Sie könnte ihn dahingehend beeinflussen, dass er in einem Hotel übernachtet, wenn er müde ist. Sie wird ihn kaum überzeugen wollen, den Beruf an den Nagel zu hängen und nur noch zu Hause zu bleiben.

Wenn eine Mutter sich sorgt, ihr Kind könne die Schule schmeißen, sind ihre Möglichkeiten einzugreifen größer. Sie kann einen Nachhilfelehrer suchen, sie kann darauf achten, dass ihr Nachwuchs regelmäßig zum Unterricht erscheint, und sie kann in ausführlichen Gesprächen erfragen, wo der Schuh drückt, und Lösungen aushandeln.

**Wer glaubt, sich allein durch seine Sorgen vor Katastrophen schützen zu können, betrügt sich selbst. Zweckpessimismus zahlt sich nicht aus.**

**Sorgen sind keine intuitive Botschaft.**

**Sie werden herausfinden, dass es Sie langfristig weniger kostet, etwas zu verändern, als sich dauernd durch Sorgen zu blockieren.**

### Die intuitiven Signale der Gefahr

Wer intuitive Hinweise ernst nimmt, muss nicht immer auf das Schlimmste gefasst sein. Man kann darauf vertrauen, wichtige Signale unmittelbar zu erkennen. Wenn dann eine Bedrohung die ungeteilte Aufmerksamkeit erfordert, ist man hellwach. Angst ist das Zeichen für eine konkrete, unmittelbar bevorstehende Gefahr. Sorge, Trauer, Beklemmung oder Besorgnis dauern länger an, sie haben mit konkreter Angst wenig zu tun.

**Wer ständig glaubt, »Angst« zu spüren, hat kein Signal mehr für die Situationen reserviert, in denen es wirklich ernst wird – solche Ängste sind *erfundene* Ängste.**

Die ständige Anspannung, es könnte jemand hinter einer Hecke hervorspringen, hindert uns daran, *konkrete* Signale zu entschlüsseln und Hinweise zu erkennen, wenn wirklich etwas nicht stimmt.

Freunde haben Ingeborg immer gewarnt, es sei gefährlich, im Wald allein zu joggen. Sie hingegen war und ist noch immer der Ansicht, dass kaum jemand sich die Mühe macht, stundenlang im Wald zu lauern, ob nun zufällig eine einsame Joggerin als ideales Opfer vorbeikommt. Dennoch reagierte sie prompt, als sie mit ihrer Tochter durch den Wald radelte: Eine Gruppe seltsamer Männer lungerte am Wegrand – offensichtlich keine Waldarbeiter. Ingeborg und ihre Tochter stoppten in deutlichem Abstand und fuhren zügig auf einem anderen Weg weiter. Wochen später las sie, dass der Wald von gewalttätigen Einbrechern benutzt worden war, um Diebesgut zu vergraben.

### Befürchtungen auflösen

Es ist notwendig, zwischen eingebildeten und echten Warnsignalen zu unterscheiden. Immer, wenn ein Angstgefühl aus einem Bild in unserer Vorstellung erwächst, handelt es sich um eine erfundene Angst. Nur etwas, das *abwesend* ist, müssen wir uns vorstellen. Es kann keine *direkte* Bedrohung sein, weil einfach nichts da ist. Gefühle wie innere Unruhe, Besorgnis oder allgemeine Befürchtungen sind etwas, was wir selbst herstellen – es sind keine intensiven Reaktionen auf eine echte, unmittelbare Gefahr.

### Erfundene Angst und echte Intuition unterscheiden

Die Dauer einer Empfindung zeigt an, ob wir eine eingebildete Angst oder einen intuitiven Hinweis auf Gefahr erleben. Unser Bauchgefühl gibt uns in der Regel nur einen kurzen Stoß, der uns hinweist: »Pass auf!«

Intuition ist immer mit einem Gefühl im Körper verbunden. Manche Menschen müssen üben, sich für diese körperliche Ebene zu öffnen, um zu spüren, dass es im Magen grummelt, dass sich der Nacken spannt oder der Körper den Impuls hat zurückzuweichen.

Eingebildete Angst hingegen wächst wie eine Pflanze, sie wird stetig, fast unmerklich größer. Sie baut sich auf, weil wir einen besorgten Gedanken weiter und weiter verstärken. Wir malen uns in immer grelleren Farben aus, was passieren könnte, und verlassen mehr und mehr das Feld der wahrscheinlichen Ergebnisse.

Und besonders dann, wenn wir Zeit für sie haben, beschleicht uns die Sorge.

Ich erlebte, nachdem meine Tochter ihr erstes eigenes Auto besaß, eine solche erfundene Angst: Die kleinen Fahrfehler, die ich bei ihr, der Anfängerin, erkannte, blähten sich zu großen auf, die ich zu einer echten Gefahr werden sah. Einige Tage war ich wirklich besorgt. Wenn ich allerdings neben ihr saß und sie den Wagen fuhr, hatte ich nie Angst. Also fuhr ich häufiger mit ihr. Die Sorgen verflogen, denn ich spürte, sie war auf dem Weg, eine umsichtige und vorausschauende Autofahrerin zu werden.

 **Wer etwas gegen seine Befürchtungen tun will, baut sie ab, indem er die eigene Fähigkeit, Vorhersagen zu machen, trainiert.**

**Machen Sie, wo immer Sie Lust dazu verspüren, eine Vorhersage, was passieren wird. Legen Sie sich, auch vor sich selbst, fest. Wie wird sich eine Freundin entscheiden? Was wird aus einem Konflikt, den Sie bei anderen erleben?**

**Prüfen Sie in einer Sie konkret ängstigenden Situation die Realität: Welcher Hinweis auf eine reale Gefahr ist vorhanden?**

**So arbeiten Ihr wacher Verstand und Ihre Intuition zusammen. Die Intuition kann nicht mehr als ein Wink sein. Doch mit Ihrem aufmerksamen Verstand können Sie Gewissheit erlangen.**

### Flüchtige Intuition

Intuition kann von dem starken Gefühl begleitet sein: »Ja, was du fühlst, ist genau richtig!« Besonders dann, wenn wir eine kreative Lösung gefunden haben.

Der Architektin fällt die Lösung für eine knifflige Gestaltungsfrage beim Schminken ein. Der Jungunternehmerin kam kurz vor dem Einschlafen die Idee, wie sie ihren Banker überzeugen konnte, ihr einen größeren Kredit zu geben. Beim Gespräch mit einer Freundin erkannte die Mutter, was ihren Vierzehnjährigen in letzter Zeit so kratzbürstig sein ließ.

Aber in vielen Fällen ist unsere Intuition sehr flüchtig. Die gute Idee, die nicht aufgeschrieben wird, kann für immer verloren sein. Auch die kurze Warnung: »Hier stimmt was nicht!« kann in Bruchteilen von Sekunden wieder erlöschen.

Es gibt viele Wege, die Intuition herunterzuspielen. Man betet eine Gefahr gesund, d. h. ich verherrliche sie, verniedliche sie, oder ich ignoriere sie. Damit zerstöre ich nicht nur diese eine Intuition, sondern erschwere es jeder nachfolgenden, bis ins Bewusstsein vorzudringen.

**Bitte vergessen Sie nie: Die Intuition blitzt häufig nur kurz auf. Sie ist selten eine deutliche Gewissheit. Bleibt in einer Szene oder bei einer Fragestellung auch nach längerem Erläutern oder Durchdenken ein schlechtes Gefühl übrig, folgen Sie lieber Ihrer warnenden Intuition.**

### Hoffnung als Prinzip?

Hier liegt für viele Frauen ein Dilemma. Die Natur hat sie mit einer guten Intuition ausgestattet, aber in Fragen von Liebe und Partnerschaft verfahren sie nach dem Prinzip Hoffnung. Sie phantasieren darüber, was vielleicht unter günstigen Umständen aus einem Mann werden könnte, wenn sie ihn lange genug in der Mangel hätten. Sie blenden den Ist-Zustand aus, der schlicht lausig ist.

Einen Mann zu heiraten, weil er gelegentlich Freundlichkeit zeigt, weil er tief schlummernde gute Seiten hat, weil *vielleicht* die Möglichkeit besteht, dass *eventuell* das Bessere in ihm siegt, beschreibt die »sichere« Art, Bauchgefühle zu blockieren und ins Unglück zu rennen.

Wer so denkt, konzentriert sich darauf, wie die Dinge liegen könnten, statt darauf, wie sie sind. Weil ER einmal in der Woche nett ist, glaubt SIE an seinen guten Kern. Dass er meistens ruppig ist, zählt nicht. Viele Frauen sind allzu bereit, ihre Kräfte in aussichtslosen Umerziehungsprozessen an erwachsene Männer zu verschleudern. Gefangen in Verständnis und Hoffnung, überhören sie das Flüstern ihrer Intuition, die sie auffordert, jeden Tag auf Freundlichkeit zu bestehen oder zu gehen.

Wenn Ihre innere Stimme warnt »Er wird sich nicht ändern«, dann nehmen Sie die Zweiflerin ernst.

## Intuition schulen

Es geschieht jeden Tag, dass wir unsere Intuition ignorieren. Wir übergehen dieses kurze Aufscheinen einer Vorsichtsmeldung, wir übersehen eine kreative Idee und stellen keine Verbindung zwischen scheinbar weit auseinander liegenden Ereignissen her, obwohl ein kurzes Aufflackern uns darauf hinweist.

Besonders leicht zu übersehen bleibt ein intuitiver Impuls, oder besser der intuitive Anstoß, weil wir der zugehörigen körperlichen Empfindung in der Regel keinerlei bewusste Bedeutung beimessen.

Intuition ist eine sehr alte Fähigkeit, die schon unsere Urahnen besaßen. Sie gehört zu unserer animalischen Grundausstattung. In diesem Teil unserer Fähigkeiten gibt es kein schlussfolgerndes Denken. Ein Beispiel:

Ich fuhr mit meinem Mann auf einer uns gut bekannten Landstraße. Mein Mann saß am Steuer. In einer lockeren Schlange von Autos folgten wir – relativ eintönig – den Windungen der Strecke. Auch ich verfolgte den Verkehr und sah, dass auf der Gegenspur ein Autofahrer ein Überholmanöver startete und den vorausfahrenden Wagen zwang, sehr weit zur Seite auszuweichen, um eine Kollision zu vermeiden. Mein Mann wich ebenfalls aus. Ich war ziemlich ärgerlich und schimpfte über den Fahrer des entgegenkommenden Wagens: »Das war ja das

Letzte!« Mein Mann antwortete zu meiner völligen Verblüffung: »Was war denn?«

Es stellte sich heraus, er hatte das gesamte Ausweichmanöver vollkommen *unbewusst* vollzogen. Keinerlei bewusste Wahrnehmung stand ihm dabei zur Verfügung. Wenn so komplexe Vorgänge unbewusst gelenkt werden, wie oft bestimmt dann unser Innenleben, was geschieht, ohne dass unser wacher Verstand überhaupt realisiert, was vor sich geht?

Die Intuition zu schulen, scheint also weniger nötig zu sein, als sich bewusst zu werden, dass unser Unterbewusstsein eine wichtige Nachricht für uns hat. Mir fielen in diesem Zusammenhang die vielen Geschichten ein, in denen Menschen das Gefühl hatten, ein Schutzengel hätte sie vor einer großen Gefahr bewahrt. Vielleicht wäre es in vielen Fällen richtiger, von einer »schützenden Intuition« zu sprechen, die auch dann noch wachsam handelt, wenn unser Verstand auf halbe Leistung geschaltet ist, aufgegeben hat, nach einer eigenen Lösung zu suchen, oder andere Bedürfnisse uns ablenken.

### »Falsche Intuition«

Dieser Abschnitt ist heikel, denn wir berühren eine kritische Definitionsgrenze. Genau genommen kann es keine falsche Intuition geben, solange die Signale und Informationen, die sie ausgelöst hat, richtig sind. Aber genau hier liegt ein Haken.

Wir können nicht ausschließen, dass wir falsche Informationen als Ausgangspunkt einer Intuition haben, und wir können nicht ausschließen, dass uns jemand gezielt und bewusst eine falsche Stimmung vorgaukelt.

Unser einziger Trost besteht darin, dass unsere Intuition immer eine Vielzahl von Informationen verarbeitet, das heißt, eine einzelne Fehlinformation könnte das System noch nicht in die Irre führen.

Wenn wir uns also über einen Menschen und seine Absichten im Unklaren sind, ist es sehr nützlich, die Basis für Informationen zu erweitern. Lassen Sie sich nicht von einem freundlichen Lächeln, aber auch nicht von zusammengezogenen Augenbrauen täuschen: Der Lächler kann ein professioneller Schurke und die zusammengezogenen Augenbrauen ein Schutzreflex der Augen gegen die Sonne sein.

### Gefährliche Kängurus

Gavin de Becker hat dazu ein kleines Experiment durchgeführt. Er berichtete einer Reihe von Zuhörern, dass Kängurus, entgegen der landläufigen Meinung, sehr aggressive Tiere seien. Er behauptete, jährlich stürben mehrere Menschen an Känguruattacken. Zur Bestätigung seiner Lüge beschrieb er Signale, die auf einen Känguruangriff hindeuten.

Die Zuhörer merkten sich die erfundenen Signale: Ihre intuitive Reaktion zu diesen völlig harmlosen Tieren wurde durch die falschen Informationen umgedreht, denn Kängurus flüchten in freier Natur stets vor Menschen, genauso wie Rehe. Das heißt, wir müssen die Verlässlichkeit von Informationen prüfen, damit unsere Intuition treffsicher arbeiten kann.

Wir erhalten viele solcher »Känguru-Signale«. Unsere Intuition verlässt sich darauf, dass wir entscheiden, was richtig und was falsch ist.

**Intuition läuft ins Leere, wenn sie auf falschen Informationen beruht.**

Angela hat regelrechte Angst vor Menschen mit dunkler Hautfarbe. Sie hatte irgendwann »gelernt«, dass solche Menschen gefährlich sind. Wahrscheinlich durch das Erzählen recht harmloser Geschichten, denn es gibt keine echte, erinnerliche negative Erfahrung. Sie reagiert extrem zögernd und fast abweisend, wenn jemand einen dunklen Teint hat.

Will sie eine solche »falsche« Intuition verändern, muss sie einen längeren Prozess des Umlernens in Gang setzen. Sie muss ihre Intuition gegenüber dunkleren Hauttypen ganz neu aufbauen, indem sie einen anderen Katalog von Bewertungen entwickelt.

Solches Neulernen ist schwierig. Die Intuition »warnt« Angela vor jeder Annäherung an einen dunkelhäutigen Menschen. Sie kann ihre Intuition nicht einfach ignorieren, weil sie damit auch »richtige« Bauchgefühle, die hilfreiche Hinweise liefern, wegdrücken würde. Also muss sie vorsichtig Erfahrungen mit dunkelhäutigen Menschen sammeln. Sie darf ihre intuitive Kraft nicht unterdrücken, muss aber gleichzeitig so offen wie möglich auf dunkelhäutige Menschen zugehen. Nur so kann sie ihre Menschenkenntnis schulen und *angemessene* intuitive Muster erwerben.

### Schauen Sie in die Zukunft

Vielleicht müssen wir verschüttete, lange ungenutzte Fähigkeiten ausgraben, bevor wir die Power unserer Intuition wieder voll nutzen. Sicher werden Sie dann unnötige Sorgen hinter sich lassen und nur noch auf reale Gefahren reagieren. Sie werden manch dreisten Lügner schneller enttarnen, weil Sie Ihrem Bauchgefühl selbstverständlicher trauen.

**Unsere Intuition ist ein grundlegender Bestandteil des weiblichen Vorsprungs.**

**Wir nehmen unsere Umwelt präziser wahr als Männer. Wir erkennen Details und kleinste Veränderungen. Was wir erleben und wahrnehmen, verknüpfen wir vielfältig. Wir spüren wesentlich genauer, was in unserem Körper vorgeht, und erkennen das Gefühl und die Botschaft. Wir sind eher gewillt als Männer, flexibel mit Veränderungen umzugehen. Wir finden das passende Wort, holen die zugehörige Erinnerung hervor und greifen auf vielfältige Erfahrungen zurück. Wir wissen, wie andere reagieren und fühlen; und wir können oft vorhersagen, wie sich andere Menschen verhalten werden.**

**Wir besitzen das Gespür fürs Leben.**

# Auf die weibliche Art

Der weibliche Weg ist oft eleganter und weniger konfrontativ als der männliche. Für die »bösen Mädchen« mag es verwirrend klingen, dass ihre Friedfertigkeit hilfreich sein soll, doch Frauen sind auch deshalb erfolgreich, weil sie auf ihre weiche und kooperative Seite zugreifen können. Solange Sie Ihr Ziel klar im Auge behalten, ist jedes Mittel gerechtfertigt, das Konflikte verkleinert, andere einbindet und *Ihnen* hilft, dahin zu kommen, wo Sie hinwollen. Wenn es notwendig wird, müssen Frauen Härte zeigen, doch das darf sie nicht davon abhalten, in dem Moment, in dem ein ruhigerer Weg Erfolg versprechender ist, genau diesen vorzuziehen.

## Frauen sind Spitze

In meinen Seminaren arbeite ich seit fast zwanzig Jahren mit Männern und Frauen daran, ihre Fähigkeiten, zu organisieren, zu führen, zu motivieren und zu kommunizieren, zu verbessern. Was mich regelmäßig aufbrachte und was ich auch heute noch häufig erlebe: Frauen besitzen in vielen Bereichen die besseren Techniken, aber sie quälen sich mit Selbstzweifeln. Bei den Männern ist es umgekehrt: Ihre Strategien erweisen sich häufig als ungeschickt oder sogar unwirksam, trotzdem sind sie nicht verunsichert.

Viele Frauen musste ich regelrecht zwingen, an sich zu glauben. Den Männern aber musste ich mühsam vermitteln, dass und warum bei ihnen vieles schief lief. Viele Männer waren in meine Seminare gekommen, um sich bestätigen oder sogar bewundern zu lassen für das, »was sie schon alles können«. Sie wollten lediglich noch etwas »elegante Politur auftragen«, wie mir ein Teilnehmer gestand.

Fast jeden Tag erlebe ich, wie viel effizienter Frauen ihren Job machen, wie viel konfliktärmer sie führen, wie viel ausdauernder sie an einer Sache bleiben, wie viel größer das Arbeitspensum ist, das sie bewältigen, und wie viel einfacher sie vieles organisieren. Immer wieder kommen sie zügiger zu Ergebnissen. Sie füllen eine Vorgesetztenrolle zurückgenommen aus, entschärfen Konflikte und setzen eigene Vorstellungen mit Fingerspitzengefühl um. Und sie bleiben konsequent am Ball.

### Frauen sind Organisationstalente

Trotzdem erlebe ich die größten Zweifel gerade an dieser Fähigkeit, ganz besonders bei den berufstätigen Müttern mit ein oder zwei kleinen Kindern. Sie sind ständig wechselnden Belastungen ausgesetzt. Sie müssen täglich neu planen und oft schnell umorganisieren. In diesen Turbulenzen wächst leicht das Gefühl, hinter den eigenen Ansprüchen zurückzubleiben. Viele fürchten, dass sie sowohl im Privaten wie im Job höchstens 70 % schaffen. *Aber* sie übersehen dabei: zweimal 70 % ergeben 140 %. Das ist eine Extremleistung. Die wenigen Männer mit Doppelbelastung sind nicht so streng mit sich. Sie sind mit sehr viel weniger Effizienz zufrieden.

Auch im Beruf gilt: Wenn Frauen Führungspositionen übernehmen, werden Wege kürzer, Kontakte einfacher und der Informationsfluss transparenter. Sie behalten Ziele besser im Auge, sehen den einzelnen Menschen in seinen Facetten und unterstützen Mitarbeiter darin, an ihren Aufgaben zu wachsen. Das gelingt, solange Frauen ihren eigenen Ideen folgen können und nicht durch Vorgesetzte bevormundet oder gebremst werden.

»Neue Besen kehren gut!«, lauteten die ironischen Kommentare, als Caroline ihre Stelle als Pflegeleiterin eines großen Gesundheitszentrums antrat und sich anschickte, vieles von Grund auf neu zu organisieren. Sie war bisher die stellvertretende Leiterin in einer vergleichbaren Einrichtung gewesen. Ihr neuer Chef hatte ihr grünes Licht für grundlegende Veränderungen gegeben, und sie hatte einen guten Draht zum Verwaltungschef.

Unter Carolines Leitung wurden die, von allen gehassten, wöchentlichen Dienstbesprechungen verkürzt und nur noch vierzehntägig abgehalten. Die Pflicht, abwechselnd Protokoll zu führen, wurde allerdings weniger erfreut aufgenommen. Caroline erhöhte die selbstverwalteten Budgets. Auch das System der Dienstpläne wurde radikal verändert. Deren Gestaltung wurde aus der direkten Verantwortung der Abteilungsleiter herausgenommen. Eine Arbeitsgruppe prüft und verändert nun vierteljährlich die Grundsätze, nach denen alle Stationen, Ambulanzen und Labors ihre Dienstzeiten gestalten. Sie garantiert so einen einheitlichen Rahmen und achtet auf die gesetzlichen Vorschriften. Alle Springerdienste, Krankheitsvertretungen etc. mussten die Stationen selbst bzw. die Abteilungen untereinander aushandeln. Das erwies sich als wesentlich effizienter und störungsfreier als die alte Regelung.

Alle Gruppenleiter mussten einen Vertreter bestimmen, sie bilden ein Leitungsteam. Einer von beiden muss erreichbar sein, abgesehen von Nachtzeiten. So ist immer ein Entscheidungsträger greifbar, sobald ein Problem auftaucht. Diese Arbeitsverteilung entlastet Caroline, denn aus ihrer früheren Tätigkeit weiß sie, dass ihre Zeit sonst häufig durch banale Unstimmigkeiten absorbiert würde.

Im Prinzip folgt Caroline drei Grundregeln: Verantwortung übertragen, Entscheidungswege verkürzen, Kompetenzen erhöhen. Männer würden bei solchen Veränderungen stolz mit Lean-Management prahlen, einer neueren Managementlehre, die mehr Verantwortung des Einzelnen, weniger Führungs-hierarchien und strikte Qualitätskontrolle fordert. Für Frauen ist das einfach eine pragmatische Organisation. Was sonst?

Caroline wird nicht von allen Mitarbeitern geliebt, aber Respekt hat sie sich überall verschafft. Jetzt heißt es nicht mehr »Neue Besen kehren gut«, sondern »Caroline organisiert: fest und fair!«

Frauen bleiben oft hartnäckig und zeigen Stehvermögen, wenn sie Veränderungen umsetzen wollen. Ich habe Carolines Beispiel gewählt, weil sie privat eher ein weicher Typ ist, aber trotzdem im Beruf äußerst klare Schnitte setzt. Sie wusste genau, dass mehr Handlungsfreiheit auch mehr Verantwortung verlangt. Nach diesem Grundsatz hat sie alle Veränderungen vollzogen.

### »Nicht schick, aber praktisch!«

Ich liebe Messen, weil sie wie ein Jahrmarkt sind und viele spannende Produkte ausgestellt werden. Auf einer großen Messe, rund ums schöne Wohnen, traf ich Laura: 160 Zentimeter groß, fröhlich, hübsch, Einzelhändlerin. »Ich liebe es, in meinem Laden stets das Interessanteste anzubieten, was auf der Welt zu haben ist.« Laura ist ein Musterbeispiel für perfekte Organisation. »Eine solche Messe ist ein Moloch für jemanden, der den Anspruch hat, alle wichtigen Lieferanten zu besuchen, Neues zu entdecken und das in den zwei Tagen, die der enge Terminplan zulässt.«

Laura trug elegante, aber bequeme Hosen und *flache* Schuhe, ganz im Gegensatz zu den Heerscharen von weiblichen Messe-Flaneuren. Ihr Kommentar: »Wenn ich den ganzen Tag auf den Beinen bin, dann gibt es keine Alternative zu einem gut eingelaufenen, flachen Alltagsschuh – nicht besonders schick, aber praktisch!«

Laura war mir aufgefallen, weil sie Akten und Mappen in einer Tasche mit Rollen, statt in dem üblichen Renommierköfferchen, transportierte. Darin sammelte sie die Prospekte, deren Gewicht schon im Laufe eines Vormittags so wuchs, dass sie es nicht hätte tragen können. »Wenn ich auf die Schnelle vergleichen will, wie sich Preise oder Qualität unterscheiden, dann muss ich diese Unterlagen mit einem Griff bereithaben. Sonst verliere ich zu viel Zeit. Ich hasse langes Suchen.« Dann zückte sie ihren »Messeplan«: Eine detaillierte Skizze der Wege und Zeitabläufe: Zwei Tage, voll gestopft mit Firmennamen, Stand- und Hallennummern, Geschossbezeichnungen und Zeitvorgaben für jeden Besuch. »Wenn ich nicht schon zu Hause sehr sorgfältig plane, wie ich auf kürzestem Weg alle Stände finde, die ich besuchen will, schaffe ich mein Pensum nie.« Laura ist ein lebenslustiger Mensch, nichts Pedantisches liegt in ihrer Art. Die schiere Ökonomie trieb sie zu dieser perfekten Organisation. Noch nie habe ich jemanden erlebt, der seine Tage auf einer Messe so effizient gestaltete.

Sicher, Laura ist ein Einzelfall, aber sie ist trotzdem typisch für die weibliche Art, Dinge organisiert zu tun. Ich habe schon einige Frauen erlebt, deren Organisation für Messebesuche, Schulungen, Empfänge, Präsentationen und Konferenzen mich beeindruckt hat, noch nie aber habe ich einen Mann erlebt, der solche Termine derart straff durchgestaltete.

**Ausdauernd und gründlich**

> Soll es gut werden,
> lass es Frauen machen.
> **Ein Jungunternehmer**

»Ironman« (Eisenmann) heißt der härteste Triathlon-Wettbewerb der Welt: 3,8 Kilometer schwimmen, 180 Kilometer Radfahren und 42,2 Kilometer laufen. Doch es gibt noch eine Steigerung, wesentlich härter und fast unvorstellbar. – Manche Sportler absolvieren einen *10-fachen* Ironman: 38 Kilometer schwimmen, 1800 Kilometer Radfahren und 422 Kilometer laufen. Alles innerhalb von sieben Tagen mit insgesamt 9 bis 10 Stunden Pause.

Den Weltrekord für diese Ultraleistung hält – nein, kein Mann – Astrid Benöhr aus Köln. Sie war fünf Stunden schneller als der schnellste Mann. Keine abgehobene Asketin, die nur trainieren im Kopf hat, sondern eine Mutter von drei fast erwachsenen Kindern. Kein Ernährungsplan, kein Coach, kein ausgeklügeltes Aufbauprogramm.[67] Frauen sind ausdauernd und zäh. Wer wollte daran zweifeln?

Genauso ausdauernd erlebe ich engagierte Frauen im Beruf. Es klingt vermessen, aber ich habe immer den Eindruck, dass sie übertragene Aufgaben ernster nehmen und mehr Nachdenken in eine Aufgabe investieren als die meisten Männer. Sie sind nur mit einer hohen Qualität zufrieden und selten bereit, eine Arbeit abzuschließen, bevor sie diese erreicht haben.

**Wie viele Fehler darf es geben?**

Heute haben alle großen Firmen von Auto- über Staubsauger- bis zum Computerhersteller erkannt, dass im Grunde nur eine Null-Fehler-Rate eine »akzeptable« Fehlergröße ist. Solche Ansprüche entsprechen dem weiblichen Denken. Es ist wichtig, dass Frauen erkennen, dass durch die Hintertür *ihre* Grundsätze in männliches Denken Einzug gehalten haben.

In den sechziger und siebziger Jahren war manche große Firma in der Qualität ihrer Produkte soweit abgesunken, dass so bekannte Unternehmen wie Harley Davidson oder Ford in Amerika auch aus diesem Grund kurz vor ihrem wirtschaftlichen Ende standen. In Deutschland hat es bei großen Konzernen ähnliche Probleme gegeben.

Erst die Idee, sich bedingungslos den Wünschen der Kunden zu verschreiben, brachte eine Wende. Kunden haben ein extrem hohes Interesse daran, fehlerfreie Ware zu erhalten. Niemand vertut gern Zeit mit lästigen Reklamationen. Frauen, die lange im Produktionsprozess standen, berichten: »Für uns galt schon immer der Grundsatz, niemals ein fehlerhaftes Teil weiterzureichen.« Heute sind solche Grundsätze der Kern des Qualitätsmanagements. Ganze Betriebe werden auf diese Standards eingeschworen. Überall werden Arbeitsgruppen gebildet, die nichts anderes besprechen als die Frage: Wie kann ein fehlerfreies Produkt gewährleistet werden?

Und niemanden wird es besonders wundern, dass bei Ford in Amerika eine Frau die Abteilung leitet, die »das neue Denken« umsetzen soll.[68]

**Machen Sie doch einmal ein kleines Experiment.**

**Fragen Sie einen Mann, wann er glaubt, eine Arbeit sei gut genug ausgeführt. Bei 70, 80, 90 oder 100-prozentiger Perfektion? Stellen Sie dieselbe Frage einer Frau. Lassen Sie sich nicht darauf ein, die Aufgabe konkreter zu fassen. Erklären Sie, es ginge Ihnen nur darum, eine grobe, ganz allgemeine Schätzung zu erhalten. Frauen sind in der Regel nur bereit, eine 100 % perfekte Arbeit aus der Hand zu geben. Demgegenüber geben sich Männer mit deutlich weniger zufrieden.**

### Das Parkinson-Prinzip

Es klingt für manche Ohren befremdlich oder sogar anmaßend, aber Frauen erledigen viele Aufgaben zügiger als Männer. Es gilt für die Qualität einer Arbeit, es gilt für die Energie, die sie in eine Sache stecken, und es gilt für die Effizienz, mit der sie arbeiten.

Ein bekannter Unternehmer brachte es auf eine recht harte Formel: »Wenn ich einer Frau die Aufgabe übertrage, kommt sie mit einem Halbtagsjob hin. Gebe ich sie einem Mann, wird ziemlich sicher ein Ganztagsjob daraus.«

In einer englischen Zeitung fand ich eine Glosse über Manager, die behaupteten, man müsse 12 Stunden im Büro sein, wenn man eine gute Arbeit leisten wolle. In England nennt man es scherzhaft das Parkinson-Prinzip[69]: »Jede Institution braucht so lange für eine Aufgabe, wie man ihr zur Verfügung stellt.« Gibt man einem Manager für eine Aufgabe doppelt so viel Zeit wie nötig, wird er trotzdem die gesamte Zeit beschäftigt sein. Vielleicht fürchtet er, man könnte an der Qualität seiner Arbeit zweifeln oder glauben, er habe nicht genug zu tun und sei überflüssig, wenn er früher fertig wäre. Sicher ist: Er vertut seine Zeit. Die Konsequenz dieser Haltung ist eine Art geistiger Verarmung durch die starke Zentrierung auf seine Arbeit. Ein Forscher nannte es »intellektuelle Isolation«.[70] Diese Isolation erschwert den Blick über den Tellerrand. Nur ein erfülltes Leben außerhalb der Arbeitswelt ermöglicht eine gesunde Distanz und eine kritische Auseinandersetzung mit der beruflichen Aufgabe.

Für Frauen ist der Beruf lediglich ein Teil ihres Lebens. Sie lassen sich davon selten völlig in Beschlag nehmen. Das Leben um sie herum bleibt immer relevant. Unabhängig davon, ob Frauen Kinder haben oder nicht, zeigen sie stabile Interessen außerhalb des Arbeitslebens. Damit erhalten sie sich einen weiten Horizont und die Fähigkeit, in verschiedene Rollen zu schlüpfen und diese miteinander zu verknüpfen.

**Verzahnt arbeiten**

»Bei uns geht alles Hand in Hand«, sagen Männer, »wir ziehen an einem Strang.« So sehen sie sich gern: Die Mannschaft im Einsatz. Jeder fühlt sich wichtig und unverzichtbar. Weniger gern sehen sie sich als Rad oder gar Rädchen im Getriebe. Ein Rädchen, ein jederzeit austauschbares mechanisches Teil ohne eigenes Profil und in diesem Bild wertlos, das wollen sie nicht sein. Was Männer dabei vergessen: Es kommt auf jedes Rädchen an. Je geringer der einzelne Widerstand, umso größer die Wirkung des Ganzen. Für Frauen ist das Gefühl, ein Teil in einem großen Ganzen zu sein, eindeutig positiv. Sie sehen den gesamten Organismus und sind stolz darauf, ein kleiner Teil davon zu sein. Ihnen ist die Rolle des Rades im großen Gebilde eine befriedigende Bestätigung ihres Werts und ihrer Zugehörigkeit. Nüchtern betrachtet ist niemand von uns etwas anderes. Jeder ist jederzeit ersetzbar. Selbst größte Wirtschaftskapitäne haben einen

Nachfolger, und das große Räderwerk dreht sich, ohne zu rucken, beständig weiter.

Frauen wissen, wie viel *weniger* Energie es erfordert, wenn jedes Rädchen seine eigene Kraft einsetzt und nicht erwartet, von anderen mitgezogen zu werden. Frauen suchen das breite, stabile Bündnis. Sie kennen die Reibungsverluste, die entstehen, wenn man glaubt, die anderen anschieben zu müssen. Männer haben als Vorgesetzte oft das Gefühl, den ganzen Karren allein zu ziehen. Sie denken, ohne ihre starke Hand käme alles zum Stillstand. Sie glauben, die einzigen zu sein, die arbeiten. Und sie mögen dieses Bild. Letztlich fällt es ihnen schwer, den Beitrag der anderen zu würdigen. Solche Fehleinschätzungen liefern den Nährboden für Überheblichkeit und auch für gravierende Fehlschläge. Ich kenne eine Reihe von Managern, die aus Ignoranz und Missachtung Mitarbeiter schlecht behandelten, herabwürdigten oder bedrohten und so deren Loyalität verwirkten. Wer als Chef nur seine Macht sieht und *seinen* Vorteil sucht, vergisst, dass er auf seine Mitarbeiter angewiesen ist: Allein durch »Dienst nach Vorschrift« oder durch schlichtes Nichtstun gehen Aufträge verloren, werden Kunden verärgert. Durch Verzögerungen entstehen Regressforderungen und vieles mehr.

Frauen achten meist stärker als Männer auf diesen Zusammenhang: Sie erkennen den Beitrag jedes Einzelnen und würdigen ihn. So stärken sie das Selbstwertgefühl jedes Mitarbeiters und des Teams als Ganzem.

In Berlin gibt es die »Weiberwirtschaft«, eine Genossenschaft von Frauen, die als Existenzgründerinnen den Schutz oder die Unterstützung Gleichgesinnter suchen und die Gemeinschaft schätzen. In einem alten Fabrikareal haben sie sich zusammengetan. Sie wissen, im Verbund fällt vieles leichter. Sie wollen keine Einzelkämpferinnen sein, sondern starke Verbündete. So senken sie Risiken, profitieren von den Erfahrungen der anderen und haben ganz nebenbei noch freundschaftlichen Austausch.

Männer ziehen die isolierte Variante vor, weil sie in allen Bereichen ihr eigener Herr sein wollen. Wen wundern da die Konsequenzen: Wird eine Firma von einer Frau gegründet, ist die Wahrscheinlichkeit, dass sie nach zwei Jahren noch auf dem Markt ist, deutlich höher als bei männlichen Existenzgründern.

**Heimarbeit**

Frauen suchen immer wieder die Verzahnung zwischen Familienleben und Beruf. »Heimarbeit« war der abwertende Begriff für einfachste und schlecht bezahlte Arbeit von Hausfrauen in den sechziger Jahren. Da wurden Wundertüten gefüllt, Knöpfe angenäht oder Serienbriefe kuvertiert. Heute sind eine Reihe von Firmen dazu übergegangen, ihren Mitarbeiterinnen Computer und andere Arbeitsmittel in die Wohnung zu stellen. Hochwertige Programmier- oder Finanzdienstleistungen werden dort erbracht.

Hauptsächlich Frauen nehmen solche Angebote gern an: Fahrzeiten entfallen, sie teilen ihre Zeit frei ein, kleinste Einheiten werden genutzt. Sie können beweglich wechseln zwischen Arbeitszeit und Familienzeit. Firmen sparen teure Raummieten und binden ihre Mitarbeiter durch diese flexiblen Arbeitsbedingungen an sich. Sie können hoch qualifizierte Kräfte weiter beschäftigen, die sonst vielleicht nur noch als Teilzeitkraft oder gar nicht mehr zur Verfügung stünden.

Viele Männer scheuen noch vor diesen Modellen zurück. Sie bezweifeln, in der häuslichen Atmosphäre effektiv arbeiten zu können, und sie fürchten Ablenkung, Überforderung, Imageverlust: »Der sitzt ja den ganzen Tag zu Hause.« Solche Sorgen bewegen Frauen nicht.

Für den einen oder anderen mag hier dennoch das böse Wort der (mit-)arbeitenden Hausfrau auftauchen. Konservativen Männern fällt es besonders schwer, die neue Qualität dieser »Heimarbeit« zu sehen. Vorschnelle Abwertung droht. Zu Unrecht: Viele im kreativen Bereich arbeitende Menschen, besonders erfolgreiche Nischenunternehmer und -unternehmerinnen, schätzen die Verzahnung von Privatleben und Arbeit. Für sie verschmelzen die Ebenen, sie wissen gar nicht mehr genau, wo ihr Privatleben aufhört und der Job beginnt und umgekehrt. »Ich rede mit meinem Mann auch am Küchentisch sehr intensiv über seine und meine Arbeit. Beim Plausch fragte ich die Freundin, auch wenn es nicht ihr Fachgebiet ist, nach ihrer Einschätzung zu einem spezifischen Berufsproblem. Und es kann sehr wohl geschehen, dass ich, bei einem Projekttreffen in der Firma, stolz von meinen Kindern berichte«, erklärte eine freiberufliche Art-Direktorin.

Dieses Ineinanderfließen unterscheidet sich krass von der abend- oder sonntäglichen »Heimarbeit« mancher Männer. Deren häusliche Arbeitszimmer sind mit »Zugbrücken« ausgestattet, die jeden Austausch unmöglich machen. Hier hat das Arbeitszimmer die Funktion, Familie und ähnliche Störungen abzuschotten. Diese Männer leben mit und für ihre Firma. Alles andere ist Nebensache – wenn überhaupt.

**Viele Fäden in der Hand halten, private und berufliche, sie ineinander verweben und wirksam ziehen, das ist eine weibliche Domäne.**

### Wer gehört zu meiner Mannschaft?

Fragen Sie einen Mann, wer zu seinem Arbeitsteam gehört, er wird Ihnen eine Reihe von Kollegen und Mitarbeitern aufzählen. Als ich die gleiche Frage einer Jungunternehmerin stellte, war für sie sofort klar: auch das Kindermädchen gehört zu ihrem Team. Genauso der Lebensmittelhändler, der schon mal eine Viertelstunde wartet, damit sie ihren Einkauf, auch wenn es spät geworden ist, noch erledigen kann. Ebenso die Boutiquenbesitzerin, die ihr gern fünf Kombinationen in die Firma liefert und sie dort mit ihr zwischen Computern und Kabelschächten anprobiert und beim Auswählen hilft.

An vielen Stellen wird es deutlich: Frauen sagen viel häufiger WIR, Männer viel häufiger ICH im Zusammenhang mit ihrer

Arbeit oder ihrer Familie. Es gehört zu den großen Vorteilen von Frauen, dass sie die Wirksamkeit und Schlagkraft des Teams schätzen, *ohne* ihre persönlichen Leistungen zu verkennen.

Frauen sehen die weitläufigen Kontakte, die mit ihrer Arbeit in Verbindung stehen und auf die sie angewiesen sind, viel selbstverständlicher und präziser als Männer. Sie denken nicht nur in Netzstrukturen, sondern sie erkennen die vielschichtigen Abhängigkeiten und Verzahnungen.

Frauen beachten das vieldimensionale Netz, in dem sie verwoben sind. Selbstverständlich gehört auch die Reinigungskraft zum Team.

Iris sprach oft mit Suna, die jeden Abend ihr Büro reinigte. Manchmal schenkte sie ihr einen kleinen Blumenstrauß. Schließlich war sie jeden Tag aufs Neue froh, ein sauberes Arbeitszimmer vorzufinden. Nach einem hektischen Bürotag fand Iris am nächsten Morgen ein Fax auf ihrem Schreibtisch mit einem Zettel. »Wichtig?« Das Fax musste ungewollt im Abfall gelandet sein. Zum Glück war es Suna aufgefallen. Sie hatte bemerkt, dass es nicht zerknüllt war, wie alles andere im Papierkorb. Deswegen hatte sie es mit ihrer Notiz auf den Schreibtisch gelegt. Ohne Sunas Aufmerksamkeit hätte Iris – nach aufwendigem und aufreibendem Suchen – das Fax nochmals abrufen müssen. Eine ziemlich peinliche Angelegenheit – besonders, weil es von einem neuen Kunden kam.

**Die wandelnde Litfaßsäule**

Wir leben in einer Informationsgesellschaft. Wer wollte das bestreiten? Der schnelle Fluss von Neuigkeiten und Daten sichert einen wirtschaftlichen Vorsprung. Mein Eindruck, dass Männer fortwährend Information einfordern, aber selten großzügig weitergeben, wird immer wieder bestätigt. Männer verhalten sich mit Daten und Berichten wie Diamantensucher. Nie würden sie einem anderen verraten, wo und wie sie an ihre teuren Steine gekommen sind. Das ist schlimmer als Sand im Getriebe, weil niemand ohne weiteres erkennt, wo die schnelle Datenleitung ihren Engpass hat. Im Gegensatz dazu sehen sich viele weibliche Vorgesetzte als »Informationstransmitter«, die bereitwillig Information aufnehmen und wieder verteilen. »Das können wir nicht nur besser, das tun wir auch lieber«, kommentiert die Managerin Dorothy Brunson.[71]

### Sich verfahren statt andere zu fragen

Frauen akzeptieren Abhängigkeiten. Sie wissen, dass sie fortwährend auf das Fachwissen anderer zurückgreifen *müssen,* um die eigene Arbeit wirklich gut und effektiv zu machen.

Für eine Frau birgt Fragen keinerlei Imageverlust. Doch ein Mann ist, aus Gründen, die er selbst schlecht erklären kann, darauf erpicht »unabhängig« an sein Ziel zu gelangen. Was ihn letztlich behindert, sind archaische Muster. Für einen ganzen Kerl gilt immer noch: Der Starke braucht keine Hilfe! Eine Erklärung, gegen die er sich wahrscheinlich mit Händen und Füßen wehren würde, doch er kann seine Haltung nicht gesund beten.

**Sie sind mit dem Wagen unterwegs oder zu Fuß auf einer Erkundungstour in einer unbekannten Stadt.**

**Wie schnell fragt jemand nach dem Weg, wenn er unsicher ist? Das Ergebnis zeigt deutlich den Unterschied zwischen den Geschlechtern: Eine Frau ist wesentlich eher bereit als ein Mann, nach dem Weg zu fragen. Erinnern Sie sich an Ihre eigenen Erfahrungen?**

Die Kontakte zwischen Menschen sind für uns existenzielle Bestandteile einer erfolgreichen Organisation. Aber für Männer sind »Kontakte« häufig nur Mittel zum Zweck. Wenn sie von »Kontakten« sprechen, meinen sie damit oft die Mitglieder einer Seilschaft. Deren oberstes Ziel ist *nie* der Erfolg der gesamten Gruppe, sondern der persönliche Nutzen Einzelner. Nur im Mannschaftssport wissen Männer um die Bedeutung des Zusammenspiels, aber auch dort lieben sie es, sich als Einzelkämpfer zu profilieren.

Wenn Wissen weitergegeben werden soll, sind Männer selten bereit, ihre Informationen so zu streuen, dass andere unabhängig damit arbeiten können. Zwar zeigen sie gern, dass sie Insiderwissen haben, aber die Trümpfe werden nur gezielt ausgespielt. Ich habe noch nie einen Manager erlebt, der bereitwillig *alle* ihm zugänglichen Informationen an andere Ressorts weitergegeben hätte. Jeder hat irgendetwas in der Hinterhand behalten.

Wenn Männer gezielt und wirksam kooperieren, wenn sie eng »verzahnt« zusammenarbeiten wollen, dann gründen sie Seilschaften, Trutz- oder Abschottbünde. Aber die werden ausschließlich zu dem Zweck gebildet – oft konspirativ –, um andere auszuschließen, sich gegenseitig Vorteile zu gewähren und Dritte zu benachteiligen.

Frauen glauben an das Modell eines hoch verzweigten Organismus mit effizienter Arbeitsteilung. Männer können ihre Rangdenke nur schlecht ablegen. Ihnen geht es immer darum, besser als jemand anderer zu sein. Selten wollen sie in erster Linie eine Sache vorantreiben. Für Manager ist die *bessere* Bezahlung und der *bessere* Titel immer ein Stück wichtiger als die Umsatzzahlen ihrer Firma. Wen wundert es, dass ihre Gehälter stärker steigen als die Umsätze der Firmen?

### Sperrminorität?

Wir Frauen sind relativ neu in den luftigen Höhen des Top-Managements. Und so treffen wir auch heute allenthalben auf Männerdenke. Am Beginn war die einzelne Frau der kleine Farbtupfen im eintönigen Blaugrau. Eigenes Profil musste bei solchen Kräfteverhältnissen zurückstehen. Die Devise lautete: Nicht aus der Reihe tanzen! Wir mussten besser sein, aber wir durften nicht anders sein: nicht anders denken, nicht anders werten als die Grauen Männer.

Heute steigt die Zahl der bunten Tupfen. Im mittleren Management findet man in manchen Branchen zwischen zwanzig und dreißig Prozent Frauen. Das ist unsere Chance. Wir können eine Sperrminorität bilden und unseren weiblichen Stil als Gegenpol definieren.

Wir können andere Muster fordern: mehr Information, mehr Offenheit, mehr Kreativität, weniger Zwang von oben, mehr Ideen von unten.

## Aufgaben schneller sehen

Wenn man mit unvoreingenommenen Führungskräften, Männern und Frauen, zusammenkommt und sie nach ihren Erfahrungen mit weiblichen Mitarbeitern fragt, beschreiben viele eine Zweiteilung. Zum einen berichten sie über die wenig ambitionierten Mitarbeiterinnen, die in erster Linie am Broterwerb interessiert sind: Herausforderungen spielen in ihrem Arbeitsbereich keine oder lediglich eine untergeordnete Rolle. Zum anderen loben sie die engagierten Frauen, die in ihrer Arbeit aufgehen, die ehrgeizig, kompetent und zielstrebig sind. Diese Frauen wollen Verantwortung tragen, *und* sie haben Spaß daran, in einem Team zu arbeiten.

In dieser Zweiteilung: wenig Ehrgeiz oder viel Leistungswille, unterscheiden sich Männer und Frauen wenig. Nicht jede Frau, ebenso wenig wie jeder Mann, sieht zwangsläufig in seiner Arbeit eine Aufgabe, die anregend ist und das eigene Leben bereichert. Viele Menschen trennen »Geld verdienen«, vom »Spaß haben« oder »sich selbst verwirklichen«. Das Interesse, engagiert zu arbeiten, kann aus vielen Gründen in den Hintergrund treten. Letztlich bleibt die Frage des weiblichen Vorsprungs davon unberührt.

Ob Engagement und Interesse an einer Arbeit vorhanden sind, zeigt sich, wenn Probleme schnell erkannt und angegangen werden. Ich erlebe es immer wieder, dass Menschen mit der Nase auf eine Aufgabe, einen Missstand oder sogar eine Gefahr gestoßen werden müssen, bevor sie reagieren. Hier ist es müßig, nach dem Aufgehen in der eigenen Arbeit oder dem

Verbundensein mit dem Job zu forschen. Wer in einem Einzelhandelsgeschäft arbeitet und an unausgepackten Kartons vorbeigehen kann, obwohl er oder sie Zeit hat, die Ware einzusortieren, und lieber wartet, bis er aufgefordert wird, will sich nicht engagieren. Wer im Arbeitsumfeld erkennt, dass andere ein Problem haben, und nicht fragt, ob er helfen kann, der ist weder mit den Aufgaben noch mit der Gruppe verbunden. Der- oder diejenige sieht in der Arbeit nur eine Möglichkeit, den Lebensunterhalt zu sichern, und versucht möglichst unbehelligt Zeit abzusitzen.

Frauen sehen meist schneller als Männer, wo Hand angelegt werden muss, welche Aufgaben miteinander verknüpft werden können und welche Lösungswege möglich sind.

Männern scheint es besonders schwer zu fallen, Aufgaben zu erkennen, die außerhalb ihres unmittelbaren Arbeitsbereichs liegen. Frauen sehen Notwendiges nicht nur einen Tick schneller, sie greifen auch schneller zu und verbinden zwei (oder mehr) Aufgaben selbstverständlich miteinander:

Auf dem Weg zum Konferenzraum noch schnell die neue Info auf den Schreibtisch der Kollegen legen, weil man sowieso an deren Büro vorbeigeht, während eines Telefonats die Ablage sortieren oder den Schreibtisch aufräumen – das sind weibliche Standards. Viele Männer kommen nicht einmal auf die Idee, selbst Akten zu verteilen; auch dann nicht, wenn damit keine zusätzliche Arbeit verbunden ist. Sie sehen es nicht als ihre Aufgabe an: »Dafür ist die Sekretärin zuständig!« Dass *er* deren Zeit unnötig stiehlt und sich abgrenzt, blendet *er* aus. Am eigenen Projekt weiterarbeiten, während man mit einem Kunden am Telefon noch freundlich plauscht, ist die nächste Stufe. Ich habe auch schon erlebt, wie eine erfahrene Rechtsanwältin, die an ihrem eigenen Schriftsatz feilte, zwei jüngeren Kolleginnen einen Satz zurief, der ihnen half, den Knoten in einer Prozessvorbereitung zu lösen, an dem die beiden fast verzweifelten.

Bei weiblichen Führungskräften hatte ich oft den Eindruck,

dass sie ihre Mitarbeiter sensibel fördern. Selten gab es die »Vogel friss oder stirb«-Mentalität, selten das schulterklopfende: »Du wirst das schon schaffen.« Nur einmal habe ich es erlebt, dass eine weibliche Vorgesetzte einen Mitarbeiter ins offene Messer rennen ließ, was ich bei Männern leider öfter beobachten musste.

Frauen gehen in der Regel stärker auf ihre Mitarbeiter zu, und sie bieten ihnen häufiger außerbetriebliche Weiterbildung an. Sie belohnen nicht nur die Kämpfer, sondern auch die im Stillen Fleißigen, die unauffällig Zuverlässigen und die Zurückhaltenden, die sich mit einer guten Idee hervorgetraut haben.

## Verlässlicher sein

Wenn ich weibliche Pluspunkte beschreibe, ist mir deutlich bewusst, wie schnell sich viele Vorteile in Fallen verwandeln. Verlässlichkeit zählt zu den guten weiblichen Eigenschaften, die auch eine Kehrseite haben.

Wenn jemand zu einem gegebenen Wort steht, ein Versprechen einlöst, zurückruft, wenn es zugesagt war, oder einen Termin einhält, dann ist es eher eine Frau, auf die ich zählen kann. Von zehn Frauen, die mir zusagen zurückzurufen, werden dies mit Sicherheit acht auch tun. Von zehn Männern, die mir das gleiche versprochen haben, kann ich höchstens bei fünfen damit rechnen.

Doch wenn aus Verlässlichkeit Gehorsam wird, wenn Ängste oder mangelnder Mut die eigentliche Quelle von Verlässlichkeit sind, dann ist die Schwelle zu etwas Schlechtem überschritten – dann schaden wir uns. Wir müssen uns vor Vasallentreue und Selbstaufgabe hüten. Falsch verstandene Loyalität wird zum Deckmantel für Furchtsamkeit. Hinter übergroßer Kollegialität verbirgt sich oft die Sorge, nicht anerkannt zu werden, und die Furcht vor Veränderung.

Frauen wechseln ihre Stelle seltener als Männer. Licht und Schatten liegen auch hier nah beieinander. Im schlechten Fall fühlen sie sich dem Vorgesetzten, dem Arbeitsteam oder ganz allgemein der Firma gegenüber verpflichtet. Darin spiegelt sich ein Mangel an Initiative. So verstanden, ist Verlässlichkeit eine schädliche Haltung. So nutzt sie niemandem, weder der Frau noch der Firma. Sie verpasst gute Chancen, und die Firma hat eine nur mäßig motivierte Mitarbeiterin.

Doch Verlässlichkeit ist dennoch ein Gut, mit dem Frauen wuchern können.

Auch die sehr selbstbewussten und karriereorientierten Frauen sind zuverlässiger als ihre Kollegen und zeigen mehr Beständigkeit. Auf sie ist mehr Verlass als auf ihre ähnlich engagierten, männlichen Kollegen, denn Frauen planen zum Beispiel einen Wechsel genauer. Sie überlegen präziser, welchen Gewinn sie anstreben wollen und worin die Risiken bestehen. Die alte Regel, für eine steile Karriere müsse man alle drei, spätestens vier Jahre den Arbeitgeber wechseln, stimmt nur noch selten.

Frauen bleiben länger in einer Firma, auch wenn sie hochfliegende Karrierepläne haben. Wer eine Firma gründlich kennen lernt, hinter viele Kulissen gesehen hat, besitzt gute Chancen, auch in einer neuen Position alle Ressourcen zu erschließen, und erkennt leichter mögliche Fußangeln.

Weibliche Führungskräfte zeigen noch eine weitere Art von Verlässlichkeit: Sie setzen frühzeitig deutliche Signale, wenn ihnen etwas missfällt. Sie kritisieren in der Sache, die Person wird selten herabgewürdigt. Öffentliches Abkanzeln oder die Standpauke auf offener Bühne, die beliebten Spiele männlicher Vorgesetzter, sind die Ausnahme.

In Firmen, die von Frauen geführt werden, habe ich kaum jemals ein angstbesetztes Kontrollklima erlebt. Es wurde genauso hart gearbeitet wie heute überall, aber das Misstrauen untereinander war deutlich kleiner. Auch die kopflose Mentalität des Hire-and-Fire entspricht nicht dem weiblichen Vorgehen. **Die Bereitschaft, verbindlich zu sein, stabile Verhältnisse zu schaffen, das gehört zum weiblichen Stil. Frauen sind im besten Sinne berechenbar und verlässlich. Das macht** sie zu tragfesten Knotenpunkten im Netz. Wer Netze schätzt, weiß, dass jeder Knoten zählt. Nur Einzelkämpfer denken anders.

## Das kreative Wir-Gefühl

Wenn Frauen Firmen führen, wird der Konkurrenzdruck tendenziell geringer. Mitarbeiter haben, auch in weniger bedeutenden Funktionen, mehr Entscheidungsfreiheit.[72] Die Firmenpolitik ist transparenter, unangenehme Überraschungen, bedrohliche Umstrukturierungen aus heiterem Himmel sind unüblich.

In von Frauen geführten Firmen gibt es mehr Farben, mehr Blumen. Für manchen Mann mag es wenig bedeuten, aber mir kommt es vor, als wäre die Stimmung insgesamt fröhlicher. In einem solchen Klima wächst das Verantwortungsgefühl, entwickelt sich Teamgeist, und das Gefühl, Teil eines wichtigen Ganzen zu sein, wird stabil verankert. So fällt Durchhalten leichter, Durststrecken werden schneller überwunden. Kreativität findet einen guten Nährboden.

Auch wenn es oft ignoriert wird, weiß heute doch jeder Firmenchef, dass diese Stimmung unter den Mitarbeitern die entscheidende Basis für hochwertige Arbeit darstellt. Männern gelingt es weniger gut, *dieses* Wir-Gefühl wirksam aufzubauen.

Patricia Aburdene und John Naisbitt[73] haben die wirtschaftlichen Trends der Zukunft erforscht und sind zu dem Ergebnis gekommen, dass weder Härte noch rigide Disziplin in die heutige Zeit passen und dementsprechend schlechte Ergebnisse erzielen. Alle Forscher sind sich darin einig, dass allein durch erhöhte Kreativität Marktchancen erkannt und genutzt werden können.

Frauen schaffen die Voraussetzungen für ein solches Arbeitsklima selbstverständlicher und glaubwürdiger als Männer. Das wird nicht immer deutlich, weil Frauen in Führungspositionen noch in der Minderheit sind und weil sie ihre Konzepte nur ab und zu, und dann nur gegen große Widerstände durchsetzen können. Doch wo Frauen die volle Entscheidungskompetenz besitzen, wird der andere Stil sichtbar.

### Die weibliche Schlange

Dennoch: Auch Frauen machen Fehler, auch unter ihnen gibt es die schwarzen Schafe. Und glauben Sie bitte nicht, die Arbeitswelt würde sich, sobald Frauen die entscheidenden Positionen besetzen, in ein Schlaraffenland verwandeln, ohne Konflikte, ohne strenge Vorgesetzte, ohne härteste Leistungsanforderungen. Rosarot wird die neue Welt selbst dann noch nicht. Natürlich kennt jede Frau eine weibliche Schlange: eine Kollegin oder sogar eine Chefin, der sie alles Schlechte dieser Welt wünscht, weil sie ein Biest ist und weit und breit nichts von den Vorzügen erkennen lässt, von denen ich hier berichte. Es ist wie mit den kleineren Füßen der Frauen. Dass wir jemanden kennen, der diesen Vorzügen nicht entspricht, bedeutet keinesfalls, dass sie generell nicht vorhanden wären. Ein Gegenbeispiel zeigt in diesem Fall nur, dass unser weiblicher Vorsprung nicht für alle Frauen und jederzeit gilt.

Es ist sicher richtig, dass manche Frauen noch in Mustern unterwürfiger Zänkischkeit handeln. Sie gehören zu einer aussterbenden Gattung. Die Klügere lässt sich auch von ihnen nicht mehr ins Bockshorn jagen.

Und Sie erinnern sich: Erst wenn genauso viele dumme Frauen wie dumme Männer auf wichtigen Posten sitzen, haben wir die Emanzipation wirklich erreicht. Natürlich gibt es nicht nur kluge Frauen.

### Hart und herzlich

Frauen können – genauso wie Männer – sehr harte Vorgesetzte sein. Der weibliche Vorsprung hat nichts mit »Nett-Sein« zu tun. Mitarbeiter sensibel fördern, sie an Entscheidungsprozessen intensiv teilhaben lassen, ihnen Verantwortung weitgehend übertragen und falls erforderlich, sich auch um deren »private« Anliegen kümmern, das steht in keinem Gegensatz zu konsequentem Führen. Wenn eine Vorgesetzte Mitarbeiter unterstützt, indem sie sich Gedanken um Kindergartenplätze macht, eine Anzeige für eine Wohnungssuche mit dem Firmenlogo schaltet, sich nach einem Job für den Partner umhört, dann fühlen sich Mitarbeiter zu Recht wichtig genommen. Wenn sie darüber hinaus ehrliches Interesse an den Menschen zeigt, schafft sie grundlegende Voraussetzungen für eine loyale und engagierte Gemeinschaft.

Diese Fürsorge schließt nicht aus, dass man jemanden entlässt, strikte Disziplin verlangt oder auch mit aller Schärfe ein Konfliktgespräch führt. Führung verlangt gelegentlich auch Härte. Diese Regel ist auch für Frauen nicht außer Kraft gesetzt.

### Verhandlungsgeschick

Männer lieben Poker und Frauen lieben Bridge. Soweit das Stereotyp. Beim Pokern gewinnt, wer bereit ist, den höchsten Einsatz zu riskieren und mit möglichst ausdruckslosem Gesicht zu bluffen. Beim Bridge gewinnt, wer sich am besten die abgelegten Karten merken kann, optimal mit dem Partner kooperiert und systematisch kombiniert, wie die Karten wahrscheinlich verteilt sind.

Männer vergleichen Verhandlungen gern mit Pokerrunden. Sie wollen Trümpfe ausspielen, Asse im Ärmel haben, den Gegner über den Tisch ziehen und zum Schluss alles allein abräumen. Das Ziel: der strahlende Gewinner, oben auf dem Siegerpodest. Nach erbitterten Rede*schlachten* und langen *Grabenkämpfen* gibt es nur zwei mögliche Ergebnisse: Entweder ER gehört zu den großen *Siegern* oder zu den vernichtend geschlagenen *Verlierern*. Viel Kriegsvokabular. Wenig Streitkultur.

Ich habe übertrieben. Natürlich geht es legerer zu, wenn Männer verhandeln. Meistens geht man höflich miteinander um. Aber sehen Sie in die Köpfe der Akteure: Es ist weniger die

Sache, die ihren Kampfwillen bestimmt, als die Angst vor einer Niederlage. Und nach einer gewonnenen Schlacht sind sie von Stolz und Euphorie geblendet: Sie erkennen kaum noch die neue Chance oder das auftauchende Risiko. Nur mühsam lernen Männer, friedlichere Methoden zu nutzen.

**Kinderspiele?**

Verhandlungen sind kein Kinderspiel und schon gar kein Kriegsspiel. Sie sind überhaupt kein Spiel, weder Bridge noch Poker. Das Ziel von Verhandlungen sollen tragfähige Kompromisse sein. Es gilt unterschiedliche Interessen zusammenzufügen und belastbare Beziehungen herzustellen.

Überhöhte Ansprüche müssen ausgewogen reduziert werden. Was nützt uns ein Vorteil, der auf Kosten des Anderen geht? Wenig! Wenn man ernsthaft, langfristig zusammenarbeiten will, gelten bestimmte Regeln: Wer sich schlecht behandelt fühlt und immer wieder den Kürzeren zieht, wird sich bei nächster Gelegenheit einem anderen Kooperationspartner zuwenden.

Natürlich sucht jede Seite ihren Vorteil, aber wo steht geschrieben, dass damit ein Nachteil für den Verhandlungspartner entstehen muss?

Sie erinnern sich, der aktuelle Trend im Management heißt *Win-win-Strategie*: Nur wenn beide Seiten ihren Nutzen erkennen und das Empfinden haben, dass er für jeden ähnlich groß ist, dann kann eine Verhandlung zu einem langfristigen Erfolg führen.

Gespräche dürfen sich nicht festfahren, darauf wird großes Gewicht gelegt. Schon ein unproduktives Schweigen kann eine Störung einleiten, die verhindert werden sollte. Mit Fragen oder eigenen Beiträgen das Gespräch im Fluss zu halten, ist weibliche Kommunikationskunst. »Aktiv zuhören« und »ausreden lassen« werden zu Schlüsselqualifikationen. Nur so kann man die Position des Gegenübers reflektieren, verstehen und Gemeinsamkeiten erkennen.

Es gilt, viele Optionen offen zu halten und miteinander in Beziehung zu setzen, um einen möglichst großen Pool von Lösungen zu erzeugen. Für Frauen sind solche Forderungen leicht zu erfüllen, fast ein Kinderspiel.

## Hart und beharrlich

Natürlich kann eine Preisverhandlung inhaltlich sehr hart sein. Aber keine ernst zu nehmende Managerin *und* kein ernst zu nehmender Manager werden einen Stil zulassen, der verunglimpft, bloßstellt, den Gesprächspartner beleidigt oder in seiner Würde angreift. Die Manager im »Dallas«-Format sind out.

Was letztlich auch harte Verhandlungen zum Erfolg führt ist Beharrlichkeit. Frauen fällt es leicht, gelassen ein Thema im Auge zu behalten und immer wieder auf den Kern zurückzukommen.

Doch verwechseln sie Beharrlichkeit nicht mit Sturheit. Sturheit ist lediglich die Notbremse, wenn wir keine rationalen Argumente finden, wie im Fall des kranken Kindes. Allerdings, wenn wir plump und stur behaupten: »Ich habe Recht!«, ohne die Zweifel, Fragen und Argumente der anderen zu hören und darauf einzugehen, provozieren wir auf diese Weise leicht Widerwillen und Widerstand.

Beharrlichkeit bedeutet, am Ball bleiben: Die Argumente und Bedenken anderer aufnehmen, einbeziehen und immer wieder zurück auf das eigene Thema kommen. Beharrlichkeit ist die Qualität, die heute den Ausschlag gibt. Und auch hier sehe ich die Frauen wieder weit vorn.

Barbara Grogan[74], eine amerikanische Managerin, erhebt Beharrlichkeit sogar zum *einzigen* Erfolgsrezept: »Weder Talent noch Genius und schon gar nicht Bildung können Erfolg sichern. Die vielen talentierten Versager, die unerkannten Genies, und abertausende gebildete Nichtsnutze beweisen es.«

Wenn Sie Ihre Beharrlichkeit erkennen und nutzen, dann haben Sie schon ein Erfolgsrezept in der Tasche.

## Führen

Die Aufgabe einer klassischen Sekretärin besteht unter anderem darin, ihren Chef von anderen abzuschotten. So verlangen es die männlichen Spielregeln. Ist der Chef aber eine Frau, liegt die Hauptaufgabe *ihrer* Sekretärin darin, den Kontakt zum Umfeld zu organisieren und zu verbessern. Sie ist Vermittlerin, nicht Barriere. Weibliche Führungskräfte sehen ihre Mitarbeiter weniger als »Ressource« oder als »Arbeitsmittel«, wie es ein Firmenchef ausdrückte, sondern als wichtige Partner. Das Gespräch mit Mitarbeitern besitzt einen zentralen Stellenwert und ist nie Zeitverschwendung. Frauen wissen: Hetze ist eine schlechte Basis, wenn man jemandem die Gelegenheit bieten will, das Beste aus sich herauszuholen. Gespräche liefern den optimalen Rahmen, um Menschen zu motivieren. Managerinnen sind meist bereit, sich Zeit für Mitarbeiter freizuschaufeln. Selbst wenn sie konzentriert an einer Sache arbeiten, haben Menschen erste Priorität.

Manche Manager hingegen bestehen selbst dann noch darauf, dass Mitarbeiter sich einen Termin geben lassen, wenn etwas eilig ist. Für sie ist der Terminkalender, den die Sekretärin führt, ein Machtinstrument, aber auch ein kleines Heiligtum. Dessen starre Ordnung hat den Charakter eines Gesetzes, nichts darf sie verändern.

## Männer und Macht

Für Männer bedeutet Führen, Macht zu akkumulieren. Je mehr Entscheidungen direkt durch sie gefällt werden »müssen«, umso besser, denn das lässt sie bedeutungsvoll erscheinen. In streng hierarchisch geordneten Organisationen fließen Informationen nur in »dünnen, langen« Kanälen. Ihr Fluss wird genau kontrolliert. So wird sichergestellt, dass der Boss der einzige wirklich Informierte bleibt. Durch Blockieren und Filtern von Informationen wird sein Status stabilisiert.

Demgegenüber zielen Führungskräfte, die ihren Platz im Zentrum eines Netzes sehen, darauf ab, Informationen schnell und umfassend fließen zu lassen und jede Ebene in Entscheidungen zu integrieren.

Frauen bevorzugen dieses vernetzte Führen. Das Wissen der Mitarbeiter wird auf kurze Distanz abgerufen. *Alle* sind gut informiert. Engpässe, die einen Austausch bremsen, gibt es kaum. Zusätzlich stellen die Glieder eines Geflechts Verbindungen untereinander her. Sie werden sogar dazu ermutigt. Dieses Miteinander ist wesentlich effizienter – solange es um den Erfolg des Ganzen geht und weniger um individuelles In-Szene-Setzen. Angestellte, die gewollt in Entscheidungsprozesse einbezogen werden, sind zufriedener mit ihrer Arbeit und stärker motiviert, mit- und vorauszudenken, als diejenigen, die nur als Handlanger oder »ausführende Organe« behandelt werden. Immer mehr moderne Unternehmen gehen dazu über, in solchen Netz- oder Gruppenstrukturen zu arbeiten.

Stellt man sich eine vielfach geschichtete Hierarchie vor, wird sofort klar, wie schlecht Informationen zur Spitze der Pyramide und wieder zurück zur Basis fließen. Informationswege im Netz sind viel kürzer.

Manchmal finden Frauen außergewöhnliche Lösungen. Silke hat das Problem Repräsentation versus Information auf pfiffige Art gelöst. Ihre Firma produziert lufttechnische Anlagen: große Ventilatoren, die für Be- und Entlüftung sorgen, und die dazugehörigen Schächte und Kamine. Sie ist Geschäftsführerin. Für die Gespräche mit Kunden hat sie ein gediegenes, luxuriöses Eckbüro im obersten Stock des Verwaltungsgebäudes. Doch ihr eigentliches Arbeitszimmer ist in der Nähe der Werkhallen, der Lagerräume und des Konstruktionsbüros. Von hier hat sie das Areal im Überblick, kurze Wege und »den Finger am Puls«. Ihre Tür ist stets offen, und sie lädt ihre Mitarbeiter regelmäßig ein, sich mit Fragen direkt an sie zu wenden. Sie ihrerseits ist eine »wandelnde Litfaßsäule«: »In einem solchen Betrieb muss jeder über alles Bescheid wissen, sonst wird vieles doppelt gemacht.« Die Transparenz zahlt sich aus: »Besonders eilige Aufträge können wir nur abwickeln, weil jeder flexibel ist.« Jeder weiß, was die Kollegen tun, vermeidet unnötige Wege, hat grob die Materialbestände im Blick, kennt Lieferzeiten und ist sich bewusst, dass auch Eiliges mit absoluter Sorgfalt erledigt werden muss.

Wer in der Mitte sitzt, sieht sofort, ob eine Idee funktioniert. Es gibt keine gefilterte Bewertung und keine langen Berichtsketten, die dem Prinzip der *Stillen Post* gehorchen. Informationen gelangen direkt und unverfälscht ans Ziel.

Die Ressortchefin eines Magazins formulierte die Vorteile der Netzstruktur schlagfertig: »Frauen sind eitel, sie wollen nicht an der Spitze, sondern im Mittelpunkt stehen! Und dafür eignet sich das allseitig vernetzte System einfach besser.«

### Männer-Klone oder profilierte Frauen?

Noch vor wenigen Jahren gab es ernst zu nehmende Kommentare, die Frauen rieten, männliche Führungsstile zu kopieren. Mit einigem Recht wurde behauptet, sie würden sonst nicht ernst genommen. Solange es nur sehr wenige Frauen in gehobenen Positionen gab, mag diese Sichtweise eine gewisse Berechtigung gehabt haben. Doch heute stehen die Zeichen günstiger. Die Zeiten, in denen Frauen männliche Führungsstile imitieren müssen, sind vergangen. Männer kommen heute in die Not, sich weibliche Stile aneignen zu müssen, weil immer mehr Fachleute davon ausgehen, dass diese wirkungsvoller sind.

Gehorsam verlangen ist OUT. Motivieren ist MEGA-IN. Kommunikationsstile, die entschärfen, wirken besser als konfrontative.

Die Wirtschaft unterliegt einem drastischen Wandel: Überall werden Führungspositionen zurückgeschnitten, Verantwortung wird auf Gruppen verlagert. Immer mehr Menschen sollen eigenverantwortlich handeln. Kontrolle wird indirekter oder sogar in die Arbeitsgruppe verlagert. Wer *nur* groß und stark auftreten kann, wird zum Ballast. Wer sensibel handelt und teamorientiert arbeitet, macht das Rennen.

Natürlich sind Frauen nicht generell besser, doch sie besitzen die besseren Voraussetzungen, den neuen Entwicklungen hin zu flacheren Hierarchien gerecht zu werden: Frauen ermutigen zur Beteiligung. Sie suchen für eine Aufgabe eher jemanden, der Menschen und Ideen zusammenführen kann. Gefragt ist, wer Macht abgeben kann, andere darin unterstützt, die eigene Arbeit interessant und spannend zu gestalten. Dessen Ziel ist es, den Selbstwert anderer zu steigern, denn wer von sich überzeugt ist, kann sich einbringen, denkt mit, steht für Entscheidungen ein und will das ganze Team vorwärts bringen. Befehlsempfänger haben ausgedient.

**Die Führungsprofile, die heute in der Wirtschaft gefordert werden, stimmen mit weiblichen Qualitäten überein. Je stärker Frauen bereit sind, auf allen Ebenen der Wirtschaft mitzumischen, desto klarer wird: Weibliche Vorgesetzte unterscheiden sich von männlichen in ihren Methoden, in ihrer Art zu denken, ihrer Art Verantwortung zu zeigen und zu fordern. Mit diesen »kleinen« Unterschieden sind Frauen in der Vorhand.**

Wie sehr Männer ahnen, dass an ihren Stühlen gesägt wird, zeigte mir eine Szene in der Fernsehsendung »Nachtcafé«. Der Moderator Wieland Backes erwiderte auf die Bemerkung eines Teilnehmers, dass in 100 Jahren auf seinem Stuhl sicher eine Frau sitzen werde: »Es gibt ja noch die Möglichkeit der Geschlechtsumwandlung.«[75]

Kleben Männer so sehr an ihrem Posten? Es wird spannend werden zu erleben, zu welcher Anpassung Männer bereit sein werden, um ihre Positionen zu retten.

# Schluss mit Nachgeben

> Der Mensch wird geboren um zu leben,
> nicht um sich auf das Leben vorzubereiten.
> **Boris Pasternak**

## Freu dich des Lebens: Jetzt!

Etwas haben alle Menschen gemeinsam: Jeder will Lebenslust spüren und glücklich sein. Doch *hier und jetzt* wirklich etwas für das eigene Glück *tun*, das halten die wenigsten für notwendig. Sie verhalten sich so, als wären Glück und Lebenslust allein Geschenke des Himmels. Man bekommt sie oder man bekommt sie nicht. Doch:
**Jeder ist für sein Glück selbst verantwortlich.**
Viele Menschen scheuen aber davor zurück, die Verantwortung für die eigene Lebensfreude zu übernehmen und sich jeden Augenblick *neu* dafür zu entscheiden. Sie glauben lieber an Verheißungen, an Glücksbringer, an Kleeblätter, an Talismane oder Horoskope, statt auf die eigene Kraft zu vertrauen.
Nur wer handelt, nur wer das Glück beim Schopf packt, seine Chancen sieht und beherzt zugreift, weckt seine Lust am Leben.

▶ **Setzt man Glück mit Lebenslust gleich, dann wird klar: Lebensglück ist eine Frage der Entscheidung. Jeder bestimmt für sich, wie er eine Situation erlebt, interpretiert *und* gestaltet.**

Wenn Sie betrübt sind, haben Sie die Wahl, sich ins Bett zu verkriechen und Mitleid mit sich zu haben, oder aktiv zu werden und etwas zu verändern. Fragen Sie sich: »Was kann ich – in diesem Augenblick – dafür tun, dass ich mich besser fühle?«

Vielleicht fällt Ihnen im ersten Moment nichts anderes ein, als sich ein Bad zu gönnen. *Tun Sie es!* – Sie könnten eine Freundin anrufen, sich etwas aufpäppeln lassen oder einfach bloß plaudern. *Tun Sie es!* – Sie können Fahrrad fahren, Rollschuhlaufen oder Tanzen. *Tun Sie es!*

SIE entscheiden. Warum nicht das Angenehme, das Fröhliche, das Schöne suchen?

Es sind nicht immer große Dinge, die uns erfreuen. Es tut schon gut, sich in der Sonne zu aalen. Die kleinen alltäglichen Vergnügen beleben uns und schaffen gleichzeitig Zufriedenheit:

### Vergnügungen

Der erste Blick aus dem Fenster am Morgen
Das wieder gefundene alte Buch
Begeisterte Gesichter
Schnee, der Wechsel der Jahreszeiten
Die Zeitung
Der Hund
Die Dialektik
Duschen, schwimmen
Alte Musik
Bequeme Schuhe
Begreifen
Neue Musik
Schreiben, pflanzen
Reisen, singen
Freundlich sein

**Bertolt Brecht**

Doch das Wohlgefühl bleibt nicht auf Dauer. Immer wieder aufs Neue müssen wir etwas dafür tun, damit es uns gut geht. Die beschaulichen, *kleinen Glücksmomente* allein reichen nicht aus, das Gefühl von Lebenslust zu verankern. Lebenslust oder Lebensglück braucht mehr. Wir fühlen uns nicht *wirklich* wohl, wenn wir unsere Fähigkeiten brach liegen lassen, wenn unser Intellekt verkümmert, unsere Begabungen vor sich hin schlummern und wir Chancen verstreichen lassen. Nur diejenige, die ihre Ressourcen tatkräftig einsetzt, ihre Stärken spürt und die genießt, wie ihre grauen Zellen tickern, ihre Gedanken sich zu Ideen formen und dann handelt, diejenige fühlt sich wirklich lebendig.

## Chancen ergreifen

Wir sind unzufrieden, es hängt uns nach, wenn wir etwas verpasst haben, wenn wir nicht zugegriffen haben. Es sind die Dinge, die wir unterlassen haben, die ungenutzten Chancen, über die wir grübeln, die wir bereuen, die uns ärgern. Manches Mürrisch-Sein, mancher Hader und manches depressive Gefühl können hier ihren Ursprung haben, auch wenn wir uns kaum an den konkreten Anlass erinnern.

Wenn wir es unterlassen, einen Menschen anzusprechen, der uns interessiert, obwohl die Gelegenheit günstig war – wir werden es kurz darauf bereuen.

Die Studentin, die eine Gelegenheit ausschlägt, im Ausland ein Praktikum zu absolvieren – sie wird es bald bedauern.

Die qualifizierte Frau, die sich nicht bewirbt, obwohl die Stelle sie reizt – sie wird sich über ihre Passivität ärgern.

Der Single, der die Einladung zu einer Party ausschlägt – »Da kenn ich doch keinen!« –, er wird bald erkennen, dass er wieder eine Chance verspielt hat.

Die Frau, die nachgibt, ihre persönlichen Interessen missachtet, weil sie Reibereien vermeiden will – sie stellt die Weichen für ihr Leben falsch.

**Geben Sie dem inneren Zaudern und der eigenen Trägheit**

**nicht mehr nach. Es steckt mehr in Ihnen als Sie denken,
und es macht Spaß, die eigenen Kräfte zu spüren.**

Lebenslust entsteht fast zwangsläufig, wenn Sie erleben: »Ich
kann es! Ich nehme es in die Hand – und – es funktioniert!«
Sobald Sie ein Ziel verfolgen, Ihre Kräfte und Ihren Kopf mit
Ihrer ganzen Energie einsetzen, wird Lebenslust ein selbstver-
ständliches Beiprodukt. Bald wollen Sie mehr von diesem
Gefühl. Sie werden wach und aktiv, sind angespornt. Vielleicht regt sich sogar Ihr Ehrgeiz, und Sie wollen plötzlich
besser werden.

**Der stetige Wechsel zwischen Zeiten, in denen wir unsere
Fähigkeiten nutzen und verbessern, und den Zeiten, in denen wir die Welt um uns herum einfach genießen, verschafft uns stabile Lebensfreude.**

**Stell dir vor, eine Frau macht's. – Und sie macht's besser!**

Vielen Frauen ist es peinlich »besser zu sein«. Sie wollen erst
gar nicht in eine solche Situation geraten. Besser-sein zu wollen hat den bitteren Beigeschmack von Überheblichkeit und
Strebertum. Selten verbinden wir damit die Freude am Kräfte-
messen, das gute Gefühl, etwas Besonderes geleistet zu haben. Wenn ich »Besser-sein« schreibe, geht es nicht darum,
Energien in kindischen Konkurrenzkämpfen zu verschwenden
und fortwährend wie Annie im Musical zu singen: »Alles was
du kannst, das kann ich viel besser.«[76]
Wenn Sie Ihre Chancen wirklich erkennen und ergreifen wollen, müssen Sie den Mut aufbringen, genau hinzusehen. Es
geht darum, was *Sie* tatsächlich können, und was *die anderen*
zu bieten haben. Und oft werden Sie am Ende herausfinden:
»Das kann ich besser!«
Nur wenn ich sehe, wo meine Stärken liegen, in welchen Bereichen ich besser bin, dann besteht die Möglichkeit, nach
meinem Konzept Fakten zusammenzutragen und ineinander
zu fügen, und so, in *meinem* Sinn, das bestmögliche Ergebnis
zu erzielen.

Eine renommierte Pferdezüchterin sagte: »Wenn du zu einer Auktion gehst, kaufe nie nur ein Pferd. Wähle immer mit dem Vorsatz aus, den Champion zu finden!«

**Wenn Frauen beginnen, ihre Fähigkeiten und Vorteile zu betrachten, müssen sie auch den Schneid haben, die Augen und alle Sinne zu öffnen, um den Champion in sich zu finden. Es macht viel mehr Spaß, wenn wir das Beste, das in uns steckt, voll auskosten.**

Zu spüren, dass man besser ist, als man selbst gestern noch war, zu fühlen, dass wir anderen überlegen sind, lässt uns lebendig werden. Schon in kleiner Dosierung ist »Besser-sein« ein Lebenselixier. Es spornt an, es fordert uns, zwingt uns förmlich, uns weiter zu entwickeln.

Wer die ersten Sätze in einer Fremdsprache spricht, kennt das Gefühl. Wer in einer Besprechung anerkennendes Kopfnicken erntet, spürt es. Wer wagt, sich auf Schlittschuhe zu stellen, erlebt bei jedem Schritt, dass er mutiger wird. Wer bemerkt, wie im neuen Job Routine entsteht, wer erkennt, dass ein bestimmtes Pensum in immer kürzerer Zeit geschafft wird, wer beim Laufen immer längere Strecken durchhält – jeder freut sich über seine Fortschritte.

Wer seinen Vorgesetzten von einer eigenen Idee überzeugt hat, wer eine Gehaltserhöhung fordert und bekommt, wer zum ersten Mal mit dem Auto in die Großstadt fährt – ist stolz auf sich.

Sie alle spüren ihre eigene Power und steigern ihre Selbstachtung, weil sie ihre Erfolge keinem glücklichen Umstand, sondern ihrer Initiative und ihrer eigenen Tüchtigkeit zuschreiben.

### Bewegung oder Lethargie?

Jeder fühlt sich irgendwann unglücklich, gelangweilt oder deprimiert, und wir verharren in diesen Stimmungstälern oft länger als notwendig. Meistens könnte uns schon eine kleine körperliche Aktivität aus diesem Zustand befreien. Die Hürde: Man muss sich für die Bewegung entscheiden.

Gerade dann, wenn wir uns unbehaglich oder niedergeschlagen fühlen, gilt es sich aufzuraffen. Wir glauben, unsere Glieder nur schleppend heben zu können. Die Schwerkraft hält uns scheinbar auf dem Sofa fest. Doch wir wissen: Das gute Gefühl stellt sich ein, wenn wir spüren, dass unsere Kraft zurückkommt, wenn wir wieder etwas leisten oder uns einfach bewegen, aktiv etwas tun. Plötzlich werden Körper und Geist wieder geschmeidig.

### Tanze so schnell du kannst ...

Jeder kennt das Gefühl, wenn die Freude am Tun uns in ihren Bann zieht, wenn wir in glücklicher Selbstvergessenheit versinken. Vielleicht erinnern Sie sich an Zeiten, in denen Sie dieses Gefühl erlebt haben. In Ihrer Kindheit waren Sie sicher oft derart in ein Spiel vertieft, dass Sie alles um sich herum vergessen haben. Sie hörten nicht mehr, wenn jemand Sie rief. Wenn man Sie aus Ihrem Spiel herausriss, fühlten Sie sich wie betäubt, so als erwachten Sie aus einem tiefen Traum. Sie waren derart versunken, dass Sie nicht mal mehr bemerkt haben, wie glücklich Sie sind. Erst im Nachhinein, zurück in der Gegenwart, fühlten Sie sich gestärkt, zufrieden, beschwingt.

Erwachsen geworden erreichen wir diesen Zustand nur sehr selten. Wir sind zu sehr verstrickt in unsere Pflichten. Wir sind zu sehr durch die Außenwelt bestimmt. Wir leben wie ein Hamster in seinem Rad und rennen um unser Leben. Immer in Eile, fühlen wir uns angespannt und kommen erst zur Ruhe, wenn uns der Kopfschmerz keine Wahl mehr lässt.

Wir haben verlernt, den Augenblick mit Qualität zu füllen. Würden wir alles etwas langsamer laufen lassen, würden wir auf Zeitlupe schalten, dann könnten wir bewusster wahrnehmen, was wir tun. Wir würden erkennen, was in uns steckt, welche große Auswahl an Möglichkeiten wir haben.

Wem das Langsame nicht liegt, oder wer Intensität auskosten will, kann Selbstvergessenheit genauso intensiv spüren, wenn er *vollkommen* in eine Aktivität eintaucht, ganz ohne Vorbehalt. Sich im Spiel mit einem Hund austoben. Laut singen. So schnell (oder hingebungsvoll) tanzen, wie man kann.

## Sich vertiefen

Männern scheint es leichter zu fallen, sich vollständig in eine Aktivität zu vertiefen und alles um sich herum zu vergessen. Wenn jemand hinter einer Zeitung verborgen nicht mehr hört, was um ihn herum vor sich geht, ist es in der Regel ein Mann. Wenn jemand vollkommen konzentriert ist, zum Beispiel auf ein Spiel, nehmen wir Schach, und nicht mal mehr das Telefon hört, das direkt neben ihm läutet, so handelt es sich wahrscheinlich um einen Mann. Kaum hatten Heimcomputer die privaten Haushalte erobert, gab es auch schon die ersten Computerwitwen. Die Ehemänner waren von der Technik derart begeistert, dass das reale Leben um sie herum nebensächlich wurde. Sie waren in eine andere Welt abgetaucht.

Manchmal erleben wir beim Sport solche Glücksgefühle, zum Beispiel, wenn wir einen mit frischem, pudrigem Schnee bedeckten Berg hinunter gleiten, über eine Frühjahrswiese galoppieren, kraftvoll joggen oder schwimmen. Auch wenn wir lustvoll singen oder eingetaucht sind in die Welt eines Buches, fühlen wir uns selbstvergessen wohl.[77] Manches Tun nimmt uns derart gefangen, dass wir vergessen, was um uns herum geschieht. Wer einen Beruf hat, der ihm solche Gelegenheiten bietet, der hat sein Glück, zumindest in diesem Lebensbereich, gefunden.

Ivonne erzählte mir, dass sie jahrelang nicht mehr getanzt hatte, obwohl sie sich früher, bevor die Kinder da waren, kein Wochenende ohne ausgelassenes Tanzen vorstellen konnte. Im Tanzen tankte sie Kraft für ihren Alltag.

Nach ein paar Jahren der Abstinenz kam ihr die alte Lust zu

tanzen spontan in Erinnerung. Ein Lieblingssong aus den alten Tagen im Radio hatte sie inspiriert. Sie war allein zu Hause und drehte die Musik auf volle Lautstärke. Sie tanzte so wild sie konnte. Eine Welle von Energie stieg in ihr auf. Geballte Power, Ideen und Wünsche kamen zum Vorschein. »Ich muss jetzt weiter tanzen.« Angeregt stellte sie sich vor, was noch alles möglich wäre. Der Damm war gebrochen. Sie handelte. Nach kleineren Turbulenzen organisierte sie ihr Leben neu: Sie meldete sich *und* ihren Mann für einen Auffrischungs-Kurs im Gesellschaftstanz an. Und die Familie zog nach sechs Monaten in eine neue Wohnung. Von dort konnte sie ihre neue Arbeitsstelle als Filialleiterin leichter erreichen und die Tagesmutter wohnte um die Ecke.

## Stark macht lebenslustig

Vielen Frauen fällt es schwer, sich in den Mittelpunkt zu stellen, auch wenn mittlerweile jede weiß, dass Bescheidenheit nie weiterbringt, sondern vor allem Mut, Konsequenz, Stehvermögen und Aufmüpfigkeit zum Ziel führen. Alte Muster sitzen fest. Am Ende der Ära des Brav-seins müssen Frauen auch lernen, an Macht, an Erfolg, am Besser-sein wirklichen Spaß zu haben. Es reicht nicht aus, vom anderen Veränderung zu verlangen, selbst aber auf der Stelle zu treten. Wer glaubt, durch zänkisches Fordern weiterzukommen, ohne die eigenen Qualitäten unter Beweis zu stellen, bleibt letztlich hilflos, lediglich auf einem anderen Niveau.

Erfolg und Überlegenheit rufen Lebensfreude in uns wach *und* umgekehrt: Wer darauf bedacht ist, sich wirklich wohl zu fühlen, wird seine Talente und sein Können einsetzen, statt sich von anderen vor deren Karren spannen zu lassen. Sie werden herausfinden, welcher Weg für Sie der richtige ist. Und Spaß entsteht, wenn die eigene Cleverness eingesetzt und entwickelt wird. Genießen Sie es, die Klügere zu sein. Es wird Ihnen Freude bereiten, die Stärkere und Überlegene zu sein, wenn Sie es nur einmal mutig ausprobiert haben. Zumindest aber werden Sie es schätzen, genauso gut, genauso selbstbewusst, genauso erfolgreich, genauso fit im Job zu sein wie Ihr Partner, Ihre Kollegen, Ihre Freunde.

**➤ Wenn Sie daran zweifeln, ob Sie überhaupt Erfolg wollen, achten Sie auf die Mikrosignale von Neid, wenn anderen etwas besonders gut gelungen ist. Wir erleben diese kleinen Hinweise zum Beispiel, wenn wir den Erfolg eines anderen herunterspielen und vorschnell behaupten: »Das kann doch jeder!«, aber den Beweis schuldig bleiben. Wenn wir zynisch kommentieren, was »die ach so Erfolgreiche« wieder »Tolles geschafft« hat, wenn wir trotziges oder gespieltes Desinteresse bei Erfolgen anderer an den Tag legen. Stets begegnet uns höchstwahrscheinlich ein kleiner, schlecht getarnter Hinweis auf unseren Neid.**
**Wir fänden es schön, selbst solche Erfolge einzuheimsen, aber wir wagen es nicht einmal, diese Ziele zu formulieren, aus Angst, unserer Vorgabe nicht gerecht zu werden, zu scheitern und dann als Verliererin, Pechvogel oder Versagerin dazustehen, vor anderen, aber auch vor uns selbst.**

Nehmen Sie diese Gedanken zum Anlass, die eigenen Motive genau zu betrachten. Wahrscheinlich sind Sie ehrgeiziger, als Sie sich eingestehen wollen. Das wäre ein guter Grund loszulegen, der eigenen Bequemlichkeit nicht mehr nachzugeben, nicht länger den eigenen Ausflüchten Vorschub zu leisten und die Versagensangst dahinter zu verstecken. Es wird Ihnen gut tun, die eigene Unsicherheit und Trägheit zu überwinden.

### Die Klügere bleibt beharrlich
Natürlich gilt Nicht-mehr-nachgeben auch im persönlichen Bereich. Frauen haben sehr oft eine Vorstellung davon, wie et-

was sinnvoller, konfliktärmer, schneller, einfacher zu handhaben wäre. Jetzt ist es an uns, zu unserer Einschätzung zu stehen. Oft werden es Männer sein, denen wir widersprechen müssen.

Julia ist strikt gegen das Rauchen, aber ihr Mann will nicht aufhören! Das ist letztendlich seine Entscheidung, doch sie bestand darauf: In der Wohnung wird nicht mehr geraucht. Raucher müssen auf den Balkon. »Stell dir vor, du bist in Amerika. Dort ist das Rauchen aus gutem Grund in allen öffentlichen Räumen verboten.«

Vera verschiebt den Besuch der Schwiegereltern, obwohl ihr Mann bereits Bahntickets für sie bestellt hatte. Die Kinder müssen sich auf wichtige Arbeiten vorbereiten. Mit Oma und Opa im Haus würde es zwangsläufig in einem Desaster enden.

Lena bat die Freunde ihres Lebensgefährten, an einem anderen Abend auf ein Bier vorbeizuschauen, obwohl er sie gerade erst eingeladen hatte. Sie wusste genau, dass es trotz deren Beteuerungen laut und spät werden würde, und sie musste am nächsten Tag früh raus.

Merits Sohn hatte schon zwei Stunden an seinen Hausaufgaben gesessen, trotzdem forderte der Vater ihn auf, seine Aufgaben zu Ende zu machen, bevor der Junior auf den Sportplatz durfte. Merit bestand darauf, dass der Junge sofort spielen ging: »Seine Konzentration ist erschöpft, und alles weitere Lernen bliebe nutzlos.«

Ingrid weiß: Das neue Auto, das Heinz bestellen will, ist für einen Vier-Personen-Haushalt unpraktisch. Sie schiebt konsequent den Riegel vor: »Dieser Wagen wird nicht gekauft.«

Genauso verweigert Klara ihre Zustimmung, als ihr Mann den dritten Wohnungswechsel in 10 Jahren plant, ohne an ihren Weg zur Arbeit oder den Schulweg der Kinder zu denken. Sie alle müssten eine längere Anfahrt in Kauf nehmen, ausgerechnet jetzt, wo der Älteste kurz vor seinen Abiturprüfungen stand.

Ari will unbedingt den neuen Job annehmen, der ihm 300 Mark mehr im Monat bringt. Doch die Stelle ist ein echter

Schleudersitz, auf dem es in den letzten vier Jahren noch niemand länger als ein halbes Jahr ausgehalten hat. Cindy, Aris Partnerin, weiß, der Chef in spe ist ein tyrannischer Chaot. Das Plus beim Gehalt würde das Mehr an Risiko und den Bürostress lange nicht aufwiegen. Sie zieht die Notbremse: »Da spiele ich nicht mit!«

Gerrit und Kirsten sind Lehrer. Eine neue Regelung eröffnete ihnen die Möglichkeit, ein ganzes Jahr bezahlten Urlaub zu nehmen, wenn sie einige Jahre auf einen Teil ihres Gehalts verzichten würden. Kirsten war Feuer und Flamme. Sie wusste, wie ausgebrannt sie sich beide fühlten. Hier sah sie die Chance, total abzuschalten: »Wir machen eine Rucksack-Weltreise. Das haben wir uns immer gewünscht.« Gerrit versuchte zu kneifen: »Wir werden uns nicht mehr einfügen können, wenn wir soviel Freiheit genossen haben. Wir werden uns langweilen oder, schlimmer noch, die Strapazen kaum aushalten. Und ist dir überhaupt bewusst, wie gefährlich so ein Unternehmen heutzutage ist?« Kirsten war klar: Diese Gründe sind vorgeschoben! Gerrit wollte seine festen Bahnen nicht verlassen, er aber war derjenige, der am stärksten unter den Belastungen litt, obwohl er seinen Beruf mochte. Kirsten gab nicht nach. Sie spürte, dass Gerrits Widerstand halbherzig war. Als sie ihm die Werbung für ein World-Around-Ticket vorlegte, zusammen mit dem fertigen Antrag für ihr Sabbatjahr, stöhnte er zwar, aber er unterschrieb. Als sie ihr Ticket abgeflogen hatten, waren acht Monate vergangen. Gerrit schwärmte fast noch mehr als Kirsten von ihren hundert kleinen Abenteuern und Erlebnissen: »Ich bin so froh, dass Kirsten mich mitgezogen hat.«

**Spitze sein oder stromlinienförmig?**

Im Arbeitsumfeld ist Nicht-mehr-nachgeben mindestens ebenso wichtig wie im Privatleben.

Maxis Kollege war dabei, einen lukrativen Auftrag zu vermasseln. Er konnte den Chef dieser Firma einfach nicht riechen und geriet bei fast jedem Gespräch mit ihm in einen Clinch. Maxi entschied: »Du hältst dich jetzt raus. Unsere Firma braucht den Auftrag. Ich werde die Gespräche allein weiterführen. Basta!«

Sandra stritt mit ihrem Mitgeschäftsführer. Einem hervorragenden Mitarbeiter wollte er eine Gehaltserhöhung verweigern, aus »innerbetrieblicher Räson«, wie er es nannte, denn »die Lohnschere darf sich im Betrieb nicht weiter öffnen«. Dabei war beiden klar, dass der Computerspezialist bei vielen anderen Firmen, selbst für viel mehr Geld, gern genommen würde. Sandra setzte sich durch.

Nora widersprach ihrem Chef, der oft überflüssige Überstunden verlangte. Er bereitete Aufträge ungenügend vor, prognostizierte den Materialbedarf und die Richtzeiten falsch und wollte zudem jede Nachbestellung selbst kontrollieren. Nora rechnete ihm aus, dass er mit einer etwas großzügigeren Kalkulation letztlich gewinnen würde, weil wahrscheinlich weniger Überstunden anfielen. Sie bot sich an, die Arbeitsorganisation zu übernehmen, wenn er ihr freie Hand ließe.

Franziska will eine genauere Kostenrechnung einführen, um bei großen Aufträgen konkurrenzfähigere Angebote machen zu können. Ihr Vorgesetzter argumentiert dagegen: »Zu aufwendig, letztlich auch ungenau, mehr Arbeit, Verwirrung, wenn verschiedene Arten der Kostenrechnung nebeneinander stehen.« Im Grunde war er nur unwillig, sich in neuere Verfahren einzuarbeiten. Er lenkte erst ein, als sie ihm drohte, sich an den Geschäftsführer zu wenden.

Melissa verweigerte ihrem Chef bei einem Vorstellungsgespräch regelrecht die Zustimmung für einen Bewerber, den sie »das Genie« getauft hatte: »Niemand ist so perfekt, wie der sich dargestellt hat. Er ist ein Hochstapler. Bevor ich mit ihm zusammenarbeite, kündige ich lieber.«

Viki hatte ein renommiertes Graphik-Design-Büro beauftragt, ein Faltblatt zur Präsentation ihrer Firma zu entwerfen. Als der Prospekt vorgestellt wird, moniert ihr Chef: »Das Logo des Designbüros will ich nicht auf unserem Flyer haben. Wir zahlen doch nicht deren Werbung!« Er verkennt, dass ein potenzieller Betrachter es genau umgekehrt wertet. Das Logo dieses Büros wirkt wie ein Markenzeichen auf einem Kleidungsstück. Selbst Mittelmäßiges wird aufgewertet.

Alexandras Teamleiter schätzte den Zeitbedarf von Besprechungen wiederholt falsch ein. Er plant manchmal vier Termine für einen Vormittag. Sie weiß, dass es keine Chance gibt, sie einzuhalten und widerspricht ihm: »Ich mach da nicht mit! Erstens hetzen wir, zweitens machen wir dadurch einen schlechten Eindruck und drittens, das Wichtigste, Besprechungen unter extremem Zeitdruck sind ineffektiv.«

Karen betreibt mit ihrem Mann einen Copyshop. Er will stets die neueste Maschine leasen: »Die arbeitet dreißig Prozent schneller als das ältere Modell. Wir werden unseren Umsatz sicher bald steigern!« Er glaubt an das rapide Wachstum ihrer Aufträge. Sie sieht die vorhandene, zu geringe Auslastung: »Wir müssten unsere Produktion in den nächsten drei Jahren jeweils um 30 % steigern, um am Ende eine 90 %-Auslastung dieser neuen Maschine zu erreichen. Dann ist sie schon wieder veraltet, und unsere Kostenkalkulation würde uns konkurrenzlos machen. – Konkurrenzlos teuer.«

Viele Firmen führen Statistiken, wie schnell Mitarbeiter Aufgaben durchschnittlich erledigen. Manchmal werden Ranglisten veröffentlicht. Die meisten Einzelhändler können heute den absoluten und den durchschnittlichen Umsatz einzelner Verkäufer und Verkäuferinnen mit einem Knopfdruck ermitteln. Einige sind stolz, andere erschrecken, wenn sie sich als Spitzenreiter erkennen. Die Erschrockenen fürchten sich davor, besser zu sein: »Die Spitze trägt einem nur Neid und Repressalien ein. Sie stellt die anderen in ein schlechtes Licht.« Mag sein. Aber, wer diejenigen an der Spitze nicht fragt, mit welcher Methode sie erfolgreich sind, wer nicht von ihnen lernen will, der- oder diejenige ist möglicherweise neidisch oder desinteressiert.

**Wenn Sie vorne sind, wenn Sie Ihren Vorsprung erkennen, dann verwandeln Sie ihn in einen weiteren Vorteil. Fordern Sie mehr Lohn und mehr Verantwortung. Gegen Missgunst ist niemand gewappnet, wirkliche Freunde aber gönnen Ihnen Ihren Erfolg, selbst wenn sie ein bisschen neidisch sind. Irgendjemand steht immer an der Spitze. Warum also nicht Sie?**

Es mag manchem gewagt erscheinen, sich, wie in den Beispielen beschrieben, massiv einzumischen. Natürlich nimmt der Arbeitsdruck überall zu. Arbeitsplätze werden abgebaut. Man könnte versucht sein, sich klein und stromlinienförmig zu machen, um die Turbulenzen unbeschadet zu überstehen. Eine gefährliche Strategie. Denn: Nur wer Profil besitzt, wird als wichtige Funktionsträgerin erkannt. Die Frau, die gezeigt hat, dass sie etwas kann, von ihr glauben die anderen, dass sie auch in Zukunft Ideen hat und Lösungen finden wird.

Es mag sein, dass Schweigen manchmal Gold ist, aber wenn Sie Ihre Meinung kundtun, Ihre Vorschläge einbringen, offen aussprechen, wo das Getriebe hakt, dann wird dies für Sie zu Platin werden.


### Die Ruferin in der Wüste

Es reicht nicht, Ideen auszusprechen, Gefahren an die Wand zu malen oder den Finger in offene Wunden zu legen: Die Ruferin in der Wüste will warnen, aber sie will nicht eingreifen. Sie wählt die Rolle der Kassandra und verweigert jegliche Verantwortung. Das kann eine getarnte Form des Nachgebens sein. Eine clevere Art, jedem Versuch, in die Pflicht genommen zu werden, auszuweichen.

Da wird eine Befürchtung mit dem entlarvenden Satz beendet: »Das wollte ich nur gesagt haben.« Das Ziel: dem anderen die Verantwortung auflasten für das, was die Sprecherin oder der Sprecher will. Die eigentliche Botschaft lautet: »Ich habe Bedenken, aber ich nötige euch nicht, ihnen zu folgen. Ich hoffe, ihr erkennt, dass ich Recht habe, und tut, was ich für richtig halte und nehmt es auf eure Kappe.« Der vermeintliche Gewinn liegt auf der Hand: Die Ruferin ist entlastet. Nimmt der andere ihren »Rat« an, muss er oder sie mögliche negative Folgen dennoch allein verantworten. Geht alles gut, kann sie auf jeden Fall die Lorbeeren einheimsen: »Gut, dass du auf mich gehört hast.«

Doch Kassandra kommt schnell in große Not: Wenn ihrem Rat *nicht* gefolgt wird, weil er mit zu wenig Energie und Durchsetzungswillen vorgetragen wurde *und* das vorausgesehene Schlechte eingetreten ist, dann hat die Ruferin letztlich die größte Schuld auf sich geladen. Denn genau in diesem Moment wird ihr halbherziges Eintreten bestraft.

Den bitteren Beigeschmack spürt die Ruferin selbst am deutlichsten: In ihrem Inneren weiß sie, dass sie nicht wirklich Profil gezeigt hat. Sie hat nicht wirklich Stellung bezogen. Zu viele Hintertüren hat sie sich offen gelassen. Und ihre Selbstachtung verliert bei einer solchen Strategie – sie wird ein weiteres Mal geschwächt.

Die verweigerte Verantwortung kommt auch dann zum Vorschein, wenn wir behaupten: »Wir können es natürlich auch anders machen«, obwohl wir wissen, dass es nur *eine* wirklich gute Lösung gibt.

»Aber nur, wenn du es *auch* willst!« – »Ich will dich nicht überfahren.« – »Letztlich musst du entscheiden.« – »Es ist nur ein Vorschlag.« – »Nur, wenn du einverstanden bist.« Auch diese Sätze zwingen unser Gegenüber in eine allein verantwortliche Position. Hier wird nicht um die bessere Lösung gestritten. Es wird noch nicht einmal darüber verhandelt. Hier wird Zurückhaltung als Ausrede benutzt, weil jemand kein Rückgrat zeigt.

Ich habe es schon erlebt, dass selbst ein deutlicher Fehler nicht konkret benannt wird: »Ich glaube, das kann so nicht funktionieren« ist keine klare Aussage, wenn man deutlich erkannt hat, wo der Hase im Pfeffer liegt. Das erwartete Scheitern wird hingenommen, weil man nicht wagt, für seine Meinung gerade zu stehen. Da hat jemand höchst unrealistische Erwartungen, übersieht entscheidende Bedingungen, doch Kassandra lässt ihn mit der Verantwortung allein.

Aber ich will die Ruferin in der Wüste nicht vollends verdammen. Wer sich als »Warnerin ohne Verantwortung« betätigt, hat dennoch wichtige Schritte getan. Immerhin ist sie mit dieser Vorstellung aus dem Schatten getreten. Denn eines ist sicher: Kassandra hat gesprochen. Sie hat ihre Meinung mitgeteilt. Das ist ein Anfang. Wenn sie sich jetzt weiter wagt, wenn sie aus der Vorhersage auch eine klare Forderung ableitet, dafür eintritt oder sogar kämpft, dann hat sie einen deutlichen Schritt zur Unnachgiebigkeit gewagt.

Jetzt kann sie üben, intelligent und mit Feingefühl unnachgiebig zu sein, zurückzuweisen oder zu fordern und wirklich das erreichen, was ihr vorschwebt.

**Lust am Wettbewerb**

In den letzten Jahren gab es Bestrebungen, Mädchen zum Beispiel in Gymnasien unabhängig von Jungen in Mathematik zu unterrichten. Inzwischen gibt es sogar Studiengänge im Umfeld der Informatik, die nur für Frauen eingerichtet wurden. Die aufgewärmte Idee, Mädchen zu fördern, indem man sie getrennt von Jungen unterrichtet, ist überholt. Mädchen müssen gestärkt werden – gerade wenn Jungen anwesend sind –, klug oder sogar klüger sein zu wollen. Nur so überwinden sie die Furcht, an Attraktivität zu verlieren, wenn sie mit Wissen glänzen. Sie könnten dann endlich aufhören, sich dümmer zu stellen als sie sind.

Einige Untersuchungen liefern in der Tat Anzeichen dafür, dass Mädchen in Abwesenheit von Jungen, in manchen Fächern, zum Beispiel im Mathematik-Unterricht, bessere Leistungen zeigen als in gemischten Klassen. Es wurde die These aufgestellt, dass Mädchen und Frauen neue Felder besser im geschlechtlichen Alleingang erobern. Das mag stimmen, aber es beweist vielleicht nur, dass Mädchen schon früh die Lust am Wettstreit abhanden kommt. Sie erleben Jungen möglicherweise als einschüchternd oder blockierend. Sie profilieren sich mit Unwissenheit.

Wie sollen Frauen jemals lernen, in Gegenwart von Männern selbstsicher zu handeln, wenn sie vorher nie die Gelegenheit haben, zu üben?

Im Englischen gibt es den Begriff *competitive spirit*, der mit Wettbewerbsgeist oder Lust zu konkurrieren umschrieben werden kann. Gemeint ist, dass es neben einer Einstellung, die man als Fairness beschreibt, auch einen Geist des Wettstreits gibt, der weder schädlich noch zersetzend ist, sondern im Gegenteil den Wettbewerb um die beste Lösung charakterisiert. Diese Idee spiegelt letztlich den Motor jeden Fortschritts.

Diesen Geist gilt es auch in Mädchen zu fördern!

Statt Mädchen und Jungen künstlich zu trennen und ihnen die Schule, das wichtige Übungsfeld für Selbständigkeit, zu nehmen, sind hier Lehrer und Ausbilder gefordert, diesen Wettbewerbsgeist auch in den Schülerinnen stärker zu wecken. Die jungen Mädchen erkennen heute ihren prinzipiellen Vorsprung leichter als noch vor zwanzig Jahren, und sie entschlüsseln schnell, wenn Jungen oder Männer bluffen. Sie sind auf einem guten Weg, ihre Qualitäten mutig und gezielt einzusetzen. Um diese jungen Frauen muss man sich keine Sorgen machen: Seit Jahren erreichen sie im Mittel im Abitur die besseren Noten und stellen die Mehrheit der Abiturienten. Jetzt die Geschlechter zu trennen, würde bedeuten, den Mädchen Steine in den Weg zu legen.

# Anna sagt: Lebe wild und gefährlich!

Dieser Postkartenspruch hat mich sofort angesprochen. In Australien fand ich ein beeindruckendes Konzept, wie Frauen mehr Mut und Selbstvertrauen entwickeln und lernen können, persönliche Grenzen zu überschreiten:

Eine Schönheits- und Wohlfühlfarm bietet dort ein für uns ungewöhnliches Programm. Die Teilnehmer, in der Mehrzahl Frauen, erfahren nicht nur etwas über Ernährung und Entspannung, machen Gymnastik, treiben Sport, sondern sie nehmen auch an Mutproben teil. Die Teilnehmerinnen üben, gesichert an einem Seil, ähnlich dem der Artisten im Zirkus, auf einen hohen Stamm zu klettern und von dort an ein Trapez zu springen. Wer es geschafft hat, seine Angst in den Griff zu bekommen, fühlt sich stark und sicher.

Lisa, eine mutige Frau, die ohne zu zögern anderen Orts einen Tandemsprung mit dem Fallschirm absolvierte, bezeichnete diese Übung als das Aufregendste, das sie je gewagt hatte. Sie fühlte sich danach so großartig, dass sie die Übung mehrere Male wiederholte. Sie berichtete von anderen Teilnehmerinnen, die weitaus weniger sportlich waren als sie selbst. Auch diese wagten den Sprung, obwohl er freiwillig war. Alle machten mit. Manche brauchten eine halbe Stunde, bis sie auf das winzige Plateau geklettert waren. Doch sie sprangen und waren begeistert. Sie waren stolz, etwas gewagt zu haben.

Barbara, die »eigentlich nur« auf die Farm gekommen war, um sich ihrer vielen überflüssigen Pfunde zu entledigen, kommentierte ihren neu entdeckten Mut: »Ich weiß jetzt – ich habe es geschafft, auf einen so hohen Stamm zu klettern. Ich habe es geschafft, auf diese winzige Plattform zu steigen. Ich werde nicht nur meine Pfunde loswerden, sondern endlich mein Studium abschließen. Ich weiß jetzt, ich bin zu Dingen fähig, von denen ich nie geglaubt hätte, dass ich sie kann.«

Wenn wir in einem Lebensbereich unsere Grenzen überschritten haben, erleben wir ein intensives Gefühl der eigenen Stärke, das sich auch auf andere Bereiche überträgt. Wir wissen, wir können, was immer es ist, schaffen, wenn wir es wirklich wollen.

Petra, die unter Höhenangst litt, entschied sich trotzdem mit einer Gruppe von Freunden den Bogen der Harbour Bridge in Sydney zu erklimmen. Sie war derart in den Bann der Aussicht gezogen, dass sie ihre Angst fast vergaß. Stolz verkündete sie am Ende der Tour: »Ich hatte Angst, aber ich würde es wieder tun.« Als ihr am Abend jemand eine Zigarette anbot, lehnte sie ab: »Ich war oben auf der Brücke, jetzt schaffe ich es auch, nicht mehr zu rauchen.«

Vielleicht muss dieser Mut zuerst erlebt werden, vielleicht kann nur der Flirt mit der eigenen Furcht oder der kleine Adrenalinstoß in dem Moment, in dem man etwas wagt, das Gefühl: »Ich kann es!« auslösen. Eine solche Initialzündung schafft das Vertrauen, auch anderswo mutig sein zu können. Und sicher gilt: Das Gefühl der starken Anspannung vor jedem wichtigen Ziel und die große Erleichterung im Moment des Erfolgs sind der Schlüssel zu einem guten Selbstwertgefühl.

## Hier und Jetzt

> Leben ist das, was gerade geschieht,
> während wir einen neuen Plan aushecken.
> **John Lennon**

Viele Menschen leben nicht jetzt, sondern warten darauf, dass irgendwann der richtige Augenblick kommt. Viele wollen am Wochenende all die Dinge tun, die ihnen Spaß machen, für die es sich lohnt zu leben. Sie bauen eine riesengroße Erwartung auf, versuchen ihr Lebensglück in diese zwei Tage zu zwängen. Am Ende aber sind sie enttäuscht und gelangweilt. Sie haben ihre Lebendigkeit verschoben, und dann ist nichts aus den großen Plänen geworden. Lebenslust lässt sich nicht auf Kommando abrufen.

Wir verschieben das Leben. Das beginnt schon in der Kindheit mit dem harmlosen Satz: »Wenn du erst groß bist, dann …« und setzt sich fort: »Wenn ich erst das Abitur habe … Wenn ich erst die Lehre/das Studium beendet habe … Wenn ich erst mal Urlaub habe … Wenn die Kinder erst mal aus dem Gröbsten raus sind … Wenn ich erst in Rente bin …« Doch »plötzlich« sind wir alt – zu alt, italienisch zu lernen, Ski zu fahren, Rollschuh zu laufen, den Wohnort zu wechseln, zu reisen … Obwohl wir in Gedanken ständig mit der Vergangenheit oder der Zukunft beschäftigt sind, *leben* können wir nur in der Gegenwart. Nur in der Gegenwart können wir Lebenslust *fühlen*, nur das Jetzt können wir beeinflussen. Lebenslust existiert nur in diesem Augenblick.

Achte jeden Tag
Gestern ist Erinnerung,
Morgen bloße Phantasie.
Aber das Heute bewusst gelebt,
verwandelt das Gestern in genossene Freude
und das Morgen in eine starke Vision.

**Ken Done**

Das eigene Leben auf einen späteren Zeitpunkt zu verschieben, das ist fatal. »Hier und Jetzt« finden Sie den Schlüssel zum Erfolg, zum Spaß, zum Leben. Entscheiden Sie. Jetzt.

**Entscheiden statt nachgeben**

Sie erinnern sich: Unser wichtigstes Ziel ist es, an uns selbst als Autorität, als Entscheidungsmacht zu glauben. Manchmal scheuen wir uns, Entscheidungen zu treffen. Wir könnten Fehler machen und später bereuen, was wir heute richtig finden. Entscheiden ist für Frauen oft genauso schwierig wie Neinsagen. Wir wägen das Für und Wider ab, doch damit allein ist es nicht getan. Es geht fast nie darum, die einzig richtige Lösung zu finden, es geht darum, zwischen zwei oder mehr Alternativen *auszuwählen.*

**Wir müssen ganz persönliche Entscheidungen treffen. Es geht nicht um richtig oder falsch, sondern wichtig ist: *Was will ich?***
**Wir müssen bereit sein, selbst zu bestimmen, wohin eine Entwicklung geht. Für eine Entscheidung gibt es nie allein eine, absolut zwingende Begründung.**

Entscheiden wird leichter, wenn wir erkennen, dass wir, genau genommen, in jeder Minute Entscheidungen treffen. Wir wählen pausenlos zwischen Alternativen. Die meisten erleben wir nicht als Konflikte, wir handeln automatisch und bemerken nicht, dass wir eine Entscheidung getroffen haben.
Es beginnt beim Aufwachen: Aufstehen! oder Liegenbleiben? Sie glauben in diesem Fall, keine Entscheidung zu treffen? Manche Menschen stehen viel früher auf als sie müssen. Sie genießen die ruhige Zeit am Morgen. Andere warten bis zur letzten Sekunde und hetzen dann durch die morgendlichen Routinen. Und es gibt auch diejenigen, die überhaupt nicht aufstehen und sich einen Blauen Montag genehmigen. Sie alle haben entschieden! Jeder Tag ist eine endlose Kette von Entscheidungen: Duschen oder nicht? Tee oder Kaffee? Plausch mit dem Kollegen oder gleich an die Arbeit? Alltäglichkeiten, aber keine Trivialitäten. Wir erkennen den Entscheidungsprozess nicht mehr, doch wir beurteilen und wählen ununterbrochen aus.

**Ist die Wahl eine Qual *oder* macht Entscheiden Spaß?**
Je komplexer eine Situation ist, umso zahlreicher sind unsere Wahlmöglichkeiten, umso komplizierter wird der Versuch, Schlüsse zu ziehen. Wir kommen an einen Punkt, an dem unsere Kapazität, Informationen aufzunehmen und abzuwägen, erschöpft ist. Wir stoßen an unsere Grenzen, uns geht die Puste aus, wir haben zu wenig Zeit oder uns sind weitere Quellen

nicht zugänglich. Vielleicht steht uns auch schlicht die Tatsache im Weg, dass man nie alle Fakten zusammentragen kann, weil immer etwas Neues hinzukommt. Jetzt benutzen wir eine Bewertungshilfe, auf die wir selten bewusst zurückgreifen, die aber *immer* in unsere Entscheidungsfindung einfließt: *unser Gefühl.*

**Denn: Sehr wenig von dem, was wir für rational halten, ist wirklich rational. Fast alles, was wir tun, wird von Emotionen begleitet. Letztlich geben Gefühle bei jeder Entscheidung den Ausschlag.**

Ähnlich einem Blätterteig – vielschichtig und verbunden – liegen unseren Entscheidungen emotionale Ebenen zugrunde: Unsere optimistische oder pessimistische Grundstimmung, vorangegangene Erfahrungen, unsere Vorlieben, aktuelle Stimmungen, die Umgebung, die Menschen, auf die sich unsere Entscheidung beziehen. Selbst ob wir hungrig oder durstig sind, kann viel damit zu tun haben, wie wir entscheiden. Genauso haben unsere Neugier, unsere Risikobereitschaft, aggressive Stimmungen, Zu- oder Abneigungen, Müdigkeit, sexuelle Impulse oder Ängste starken Einfluss. Auch ob wir ausgelassen, fröhlich, gestresst oder traurig sind, entscheidet mit. Könnte man die Impulse aus allen diesen Ebenen erkennen und zusammenfassen, würden Entscheidungen wieder logisch durchschaubar, genau genommen: psycho-logisch. Rein nüchtern und sachlich würden sie allerdings auch dadurch nicht.

Während wir uns Handlungen und deren Ergebnisse hypothetisch vor Augen führen, werden diese Vorstellungen unterschwellig von Gefühlen begleitet. Unsere Intuition gibt uns – am Rande der Wahrnehmungsschwelle – Hinweise darauf, was gut oder schlecht, angenehm oder unangenehm ist. Diese manchmal nur diffusen Fingerzeige beeinflussen unser Handeln und genauso unser scheinbar rein rationales Denken. Wenn wir unterschiedliche Möglichkeiten vergleichen, wenn wir verschiedene Chancen betrachten, begleiten uns Emotionen. Nicht nur unser Bauchgefühl, auch andere Körpersignale geben uns Hinweise, die wir unbewusst aufnehmen und die unser Handeln mitbestimmen oder sogar den Ausschlag geben. Sie erinnern sich: Unser Körper weicht zurück, oft bevor wir unseren Widerwillen klar erkennen. Letztlich treffen wir auch hier auf Intuition.

Rational betrachtet ist die Differenz zwischen Entscheidungsalternativen oft gering. »Wollen wir chinesisch oder griechisch essen?« – »Entscheiden wir uns für Bewerber A oder B?« – »Arbeiten wir mit Firma Mayer oder Müller zusammen?« – »Welches Kleid wähle ich?« Stets glauben wir, Argumenten zu folgen. Nüchtern betrachtet, ist dies eine Illusion, denn die emotionalen Färbungen, die wir zu den Alternativen entwickelt haben, geben den Ausschlag.

**Neue Wege**

Selbst wenn wir uns entscheiden, in unserem Leben neue Wege zu gehen, ist dieser Entschluss nie allein – noch nicht einmal überwiegend – rational bestimmt: Ein neuer Job, der neue Mann, eine neue Stadt oder die Entscheidung, mit jemandem zusammenzuziehen. Besonders dann, wenn wir aus eingefahrenen Entscheidungsmustern ausbrechen, wenn wir alte Kriterien in Frage stellen und uns entscheiden, anders zu handeln als bisher, dann greifen Emotionen stark in Auswahlprozesse ein: Wir entscheiden uns – anders als in den Jahren zuvor –, einen Aktivurlaub mit dem Fahrrad zu buchen, statt uns wieder in Teneriffa faul am Strand brutzeln zu lassen. – Oder die Frau, die immer lange Haare hatte und sie jetzt kurz schneiden lässt. Bei allen, die Neues ausprobieren, ist etwas in Bewegung gekommen. Wenn in einer Firma entschieden wird: »Wir stellen *dieses* Mal einen gelassenen Menschen ein, statt, wie bisher, stets die forschen zu bevorzugen.« Auch ein solcher Wandel in der Einstellungspraxis wird von emotionalen Momenten getragen. In diesen Fällen ist Rationalität höchstens ein verschleierndes Etikett für das *emotionale*

Zünglein an der Waage. Wenn wir beim Einkauf umschwenken und ein Kleid in einer Farbe wählen, die wir noch nie ausgesucht haben, dann hat unser Fühlen die Auswahl getroffen.

**Jede Entscheidung, etwas deutlich anders zu tun als bisher, ist stark emotional gefärbt. Wenn wir etwas Neues wagen, gibt es keine rein rationale Basis. Selbst die Unzufriedenheit mit dem Alten ist eine emotionale Begründung. Wohin die Reise geht, das entscheidet unser Bauch. Unsere Neugier treibt uns an. Die Lust auf das Neue ist oft mit starken Gefühlen verknüpft, die uns euphorisieren und/oder auch ziemlich beunruhigen können.**

**Neue Wege erfordern Mut. Aber sie bergen auch die Chance auf größere Lebensfreude.**

### Nicht mehr nachgeben

Auch der Entschluss, nicht mehr nachzugeben, ist eine emotionale Entscheidung. Wenn Sie zum ersten Mal auf Ihrer Sicht bestehen, werden Sie sich angespannt fühlen, innerlich, vielleicht sogar äußerlich zittern. Es ist natürlich, dass solche Gefühle eine Veränderung begleiten. Sie wollen ein lange eingefahrenes Muster durchbrechen. Ohne starke Gefühle ist das unmöglich. Auch Ihre rationale Gedankenwelt wird sehr sprunghaft reagieren: Obwohl alles für die neue Unnachgiebigkeit spricht, können sich scheinbar alle Argumente innerhalb eines Augenblicks umkehren, wenn es Widerstand oder Spannungen von außen gibt. Obwohl Sie innerlich beben, sieht allein Ihr Gefühl klar: »Bleibe standhaft! Du hast schon zu lange stillgehalten!« Akzeptieren Sie diese starke emotionale Basis, schließlich zieht Ihre Entscheidung für Unnachgiebigkeit bedeutende Konsequenzen nach sich. Sie krempeln Strukturen um und stellen die Weichen neu.

Oft scheitern Frauen mit dem Entschluss sich durchzusetzen an Kritik von außen: Wir werden angeprangert, unsere Entscheidung sei emotional getroffen. Die unausgesprochene Folgerung: »Deshalb ist sie falsch!« hebelte uns früher aus. Damit ist jetzt Schluss.

**Sie wissen:** *Alle* **Entscheidungen sind letztendlich emotionale Entscheidungen, ob man es laut verkündet, listig verschweigt oder nicht erkennt, ändert daran nichts.**

Die weibliche Art, gefühlsmäßig getroffene Entscheidungen auch so zu nennen und zu begründen, hat ein negatives Image. Das ist absurd. Bei jedem, der sich festlegt, spielen Gefühle eine zentrale Rolle. Es gibt keinen triftigen Grund, eigene Entscheidungen und Argumente deshalb zurückzuhalten, und anderen – vermeintlich rein rationalen Entscheidern – den Vortritt zu gewähren.

Für Frauen ist es viel einfacher zu erkennen, wie Entschlüsse zustande kommen. Sie wissen viel genauer als Männer, wie sehr und wo Emotionen Entscheidungen beeinflussen. Sie können deswegen viel präziser bestimmen, wie viel Gewicht sie den einzelnen Ebenen beimessen wollen.

**Nur wer entscheidet, hat die Kontrolle über sein Leben. Nur wer spürt: »Ich kann Einfluss nehmen auf das, was mit mir und um mich herum geschieht!«, fühlt sich wertvoll. Gesteigerte Selbstsicherheit und Selbstachtung sind die Belohnung für diejenigen, die den Mut und die Kraft aufbringen, sich konsequent zu entscheiden. Die Klügere sollte sich von nichts und niemandem davon abhalten lassen zu bestimmen, wohin ihre Reise geht.**

### Falsch entschieden?

In dem Moment, in dem ich entscheide, gebe ich mein Bestes. Ich handle nach meiner Überzeugung. Kein Mensch will eine falsche Entscheidung treffen. Ob wir richtig oder falsch entschieden haben, falls sich diese Frage überhaupt stellt, erweist sich erst später. Doch: Was tun, wenn etwas schief gelaufen ist? Keinem bleibt es erspart, Fehler zu machen, und jeder wird irgendwann mal erkennen: »Meine Entscheidung war falsch!« Das kann uns schütteln: Wir haben Schuldgefühle. Wir oder andere haben einen Nachteil, und wir tragen die Verantwortung. Sosehr wir uns auch wünschen, stets richtig zu entscheiden: Niemand ist vor einem Fehlgriff gefeit.

In einer solchen Situation ist es wichtig, einen klaren Kopf zu behalten: Eine Entscheidung kann sich als fehlerhaft erweisen, weil wir etwas nicht bedacht haben oder weil Unvorhersehbares eingetreten ist. Doch es wäre paradox zu glauben: Wer nicht entscheidet, macht keine Fehler.

**Sich nicht zu entscheiden, ist letztlich auch eine Entscheidung. Wir überlassen unser Schicksal, und möglicherweise das Schicksal anderer, einem Dritten oder dem Zufall. Nicht zu entscheiden entlässt uns dennoch nicht aus der Verantwortung.**

**Jeder, der eine Wahl trifft, begibt sich in die Gefahr, etwas Falsches zu tun. Aber wollen Sie deshalb lieber zum Spielball anderer werden?**

Wer den Kopf in den Sand steckt, hat *auch* entschieden – und *mit Sicherheit* einen Fehler gemacht: die Chance vertan, einzugreifen. Er oder sie trägt genauso viel Verantwortung wie diejenigen, die mutig die Richtung gewiesen haben.

Eines ist sicher: Wer sich weigert, Stellung zu beziehen, muss viel wahrscheinlicher mit Ergebnissen rechnen, die nicht seinen Vorstellungen entsprechen oder sogar für ihn selbst schädlich sind. Auch dann, wenn mal etwas schief geht, ist es ein besseres Gefühl, aus der eigenen inneren Stärke heraus verantwortlich gehandelt zu haben, statt als Marionette eines anderen Menschen, des vermeintlichen Schicksals oder des Zufalls, die Konsequenzen tragen zu müssen.

## Die Zügel in die Hand nehmen

Ist erst einmal die Tür geöffnet, sind die ersten Entscheidungen bewusst getroffen und durchgesetzt, dann stellt sich ein neues Lebensgefühl ein. Man fühlt sich stark und selbstbestimmt. Unser Selbstrespekt wächst.

Manche Entscheidungsprozesse sind zäh und zermürbend. Besonders in Gruppen wird dann oft verzweifelt nach jemandem gesucht, der die Zügel in die Hand nimmt, der bestimmt, was als nächstes geschehen soll, und die Verantwortung übernimmt.

Jetzt gilt es, den nächsten Schritt zu tun. Beziehen Sie Position auch im Kreis von mehreren Menschen. Bestimmen Sie, was getan werden soll. Sie werden bald spüren, wie sich die anderen in Bewegung setzen, wie sie *Ihren* Impulsen folgen und wie sich die etwas kopf- und ziellose Meute in eine organisierte Formation verwandelt: Das löst ein Hochgefühl aus. Wer seine Lust zu entscheiden entdeckt, erhöht seine Lebensfreude.

# Das Stehaufmädchen

Es klingt für viele unwahrscheinlich, aber Untersuchungen zeigen es immer wieder: Wenn Frauen mit Belastungen oder Konflikten umgehen müssen, zeigt sich ihre Stärke.

Jahrzehntelang meinten Wissenschaftler, der Mensch reagiere auf Stress wie alle Tiere mit Flucht, Kampfbereitschaft oder Unterwerfung. Heute glauben amerikanische Psychologen beweisen zu können, dass dieser Schluss hauptsächlich für Männer gilt, denn Frauen zeigen verstärkt andere Reaktionen. Frauen fühlen sich zwar häufiger »gestresst«, aber sie verkraften und verarbeiten stressende Situationen besser. Statt sich auf Konfrontation auszurichten, suchen sie, wie Sie schon gelesen haben, die Deeskalation. Sie nehmen eine vermittelnde und beruhigende Rolle ein. Anders als Männer suchen sie den Kontakt zu den Kontrahenten, um Wogen zu glätten.[78]

Stressreaktionen, die dem Urmenschen vielleicht das Leben retteten, richten sich heute gegen uns: Männer reagieren mit einem dramatischen Adrenalinstoß, schon auf akute kleinere Belastungen. Selbst wenn nichts anderes passiert, als dass ein Börsenindex um 500 Punkte fällt, zeigen sie hormonelle Reaktionen, als müssten sie den Kampf mit einem eiszeitlichen Höhlenbären bestehen. Die äußerlichen Anzeichen: rasendes Herzklopfen, trockener Mund, feuchte Hände und Schweiß auf der Stirn. Ein Hormonfeuerwerk. Aber beim Börsenzocken oder im Berufsstress läuft die vom Urmenschen überkommene körperliche Reaktion ins Leere: »Kämpfen geht nicht und einfach abhauen bringt nichts.«[79]

Wir alle müssen lernen, mit Stressreaktionen umzugehen, ob Scheidung, die Fliege an der Wand oder der destruktive Kollege – wir müssen handeln. Und zwar bald, denn unter hoher Dauerbelastung zeigen wir ein schlechteres Problemlöseverhalten, und wir schaden unserer Gesundheit. Untersuchungen zeigen, dass Hochgestresste leichter krank werden, selbst einen Schnupfen fangen sie schneller ein als gute Stressverarbeiter.

## Seelische Widerstandskraft

Die weibliche Stärke beim Krisenmanagement ist kein reines Produkt unserer weniger eruptiven Hormonausschüttung. Es gibt Menschen, die trotz schicksalhafter Krisen enorme Stärken entwickeln.[80] Diese seelische Kraft nennt man *Resilienz*. Frauen sind resilienter als Männer. Sie sind die geborenen Stehaufmädchen, ihre Belastbarkeit ist in vielen Bereichen deutlich größer als die von Männern. Sie sind härter im Nehmen. Auch wenn viele Frauen hier ungläubig den Kopf schütteln: Es ist genauso wie mit der Überflutung bei einem ehelichen Streit. Den scheinbar coolen Mann quälen die fast unsichtbaren körperlichen Symptome erheblich. Äußerlich mag er ruhiger erscheinen als sie, aber innerlich – und das beweisen hormonelle und elektrokardiographische Untersuchungen – gärt es in ihm und frisst ihn auf. Wer findet nach der Kündigung der Wohnung oder des Arbeitsplatzes schneller wieder zur Ruhe und entwickelt Ideen, wie es weiter gehen könnte? Beobachten Sie sich selbst und die Männer in Ihrem Umfeld.

Frauen verarbeiten im Mittel sogar den Tod ihres Partners wesentlich besser. Sie kommen schneller aus dieser Krise heraus, und es fällt ihnen leichter, wieder ein aktives soziales Leben aufzunehmen.

Aber auch bei den alltäglichen Missgeschicken zeigen die Frauen, die nicht mehr nachgeben, ihre Steher-Qualitäten. Nach einem Malheur oder einem Tiefschlag verzetteln sie sich nicht mit dem Ärger darüber und verschlimmern so die Situation, sondern sie richten ihre Aufmerksamkeit auf mögliche Auswege. Das ist die Methode der Stehaufmädchen.

➤ Für Dinge, die geschehen sind, die man nicht mehr ändern kann, besitzt die Widerstandsfähige einen inneren Mechanismus, der sie das, was nun mal passiert ist, akzeptieren lässt. Sie richtet ihre Aufmerksamkeit auf Neues. Wo sie eingreifen kann, schaltet sie sich beherzt ein und geht mutig die Veränderungen an, die nötig sind. Stehaufmädchen wissen: Weglaufen hilft nicht. Eine Krise und die damit verbundenen unangenehmen Gefühle gehen vorüber. Sie erkennen: »In diesem Moment kann ich keinen klaren Gedanken fassen, also werde ich jetzt auch keine Entscheidung treffen.« Stehaufmädchen wissen: Ihre seelische Kraft und ihre Fähigkeiten werden schnell zurückkommen. Sie schämen sich nicht, ihre Gefühle zu zeigen. Sie lassen auch die negativen Empfindungen zu. Sie vertrauen darauf: »Bald werde ich mich von diesem Schlag erholt haben und etwas Neues anfangen, denn ich weiß, dass ich es schaffen werde. Ich kenne meine Kraft.«

Jeder steht irgendwann vor einem extrem schwierigen Problem. Die *Hilflosen* klagen: »Warum passiert das gerade mir? Womit habe ich das verdient? Das überstehe ich nicht.« Das *Stehaufmädchen* weiß: »Ich habe nicht erwartet, dass mir so etwas Schreckliches widerfährt. Aber nun ist es geschehen, es liegt nicht in meiner Macht, es ungeschehen zu machen. Mir steht eine schwierige und schmerzliche Zeit bevor. W*as kann ich tun*?«[81]

Die Stehaufmädchen wissen, dass es immer einen Weg gibt. Sie haben die Erfahrung gemacht, dass sie im Regelfall Herrin der Lage sind. Auch, wenn sie sich schlecht fühlen, spüren sie tief in sich die Sicherheit, dass dieser Zustand sie nicht für immer bestimmen wird.

Sich nach Zuspruch und Hilfe umzusehen, ist ein vernünftiger erster Schritt, danach wird es leichter, erneut durchzustarten. Frauen suchen häufiger Unterstützung bei anderen Menschen als Männer, wenn es darum geht, mit einer schwierigen Situation fertig zu werden. Auch dies ist ein Merkmal psychisch widerstandsfähiger Menschen. Es ist wesentlich leichter, mit einer Krise fertig zu werden, wenn ein festes soziales Netz den Fall abfedert. Und da Frauen gelernt haben, ihre Gefühle zu zeigen, schämen sie sich auch nicht, wenn es ihnen elend geht. Es ist ein Zeichen von Stärke, wenn wir den Mut haben, uns auch mal gehen zu lassen und nicht glauben, alles allein durchstehen zu müssen. Frauen haben nicht das Gefühl, sich etwas zu vergeben, Ansehen zu verlieren oder nicht attraktiv zu sein, wenn sie um Unterstützung bitten. Das erleichtert es ihnen, gerade in Krisen, Hilfe zu finden. Sie verschwenden keinen Gedanken daran, ob sie ihr Gesicht verlieren, was Männer so häufig befürchten.

## Sprücheklopfer

Stehaufmädchen achten darauf, dass sie sich an Menschen wenden, die sie wirklich unterstützen und ernst nehmen. Sie meiden diejenigen, die lediglich Sprüche klopfen: »Das wird schon wieder. – Du bist doch stark. – Reiß dich zusammen. – Was geschehen ist, das ist geschehen. – Es lohnt nicht über vergossene Milch zu weinen. – Denk doch an die Kinder.«[82]
Solche Sätze dienen allein dem, der sie äußert. Er ist der Situation nicht gewachsen und möchte so schnell wie möglich wieder *seine* Ruhe haben. Oder es ist ihm lästig, Beistand zu leisten. Diesen Menschen geht es darum, dem anderen seine Gefühle auszureden, statt zu trösten oder bei der Lösungssuche zu helfen. Eine hilflose Reaktion.

Menschen, die nach einem schweren Schlag schnell wieder auf die Beine kommen, haben ein gutes Gespür für die Freunde, die fähig sind, ihnen das zu geben, was sie in einer kritischen Situation brauchen.

Männer scheinen eher Gesellschaft zu suchen, in der sie ihre Gefühle vertuschen können. Wenn sie allerdings wirklich über etwas reden wollen, dann tun sie dies, wie Sie bereits wissen, eher mit einer Freundin als mit einem Freund.

Stehaufmädchen nutzen ihr Gegenüber, indem sie mit ihm/ihr die bedrückende Situation reflektieren. Sie wissen, dass ein anderer ihr Problem nicht wirklich lösen oder ihnen die Last von den Schultern nehmen kann. Wenn sie Trost brauchen, holen sie sich Trost, wenn sie Nähe brauchen, dann eben Nähe. Die Verantwortung bleibt bei ihnen, auch wenn sie sich schlecht fühlen. Das schließt nicht aus, dass sie jemanden bitten, für eine bestimmte Situation, in einem begrenzten Zeitraum das eine oder andere für sie zu übernehmen oder zu entscheiden. Aber sie wissen: Morgen wird alles in einem anderen Licht erscheinen, und früher oder später kommen bessere Zeiten. Sie haben das sichere Vertrauen, dass wenn in einer Sache etwas daneben gegangen ist, dies nicht die ganze Zukunft prägen wird.

Es gibt drastische Beispiele für die weibliche Lebenskraft: Die neue Lebensgefährtin von Ex-Beatle Paul McCartney, ein Fotomodell, verlor durch einen Verkehrsunfall einen Fuß. Trotzdem modelte sie weiter. Und sie gewann den begehrten Witwer für sich.

Es gibt in den USA eine Kampagne brustamputierter Frauen, die sich unbekleidet fotografieren ließen. Sie machen mit dieser Kampagne auf die Notwendigkeit von Vorsorgeuntersuchungen aufmerksam, und sie beweisen ihre seelische Kraft.

# Jetzt zugreifen

Niemand weiß wirklich, was ihm das Leben in den nächsten Jahren bringen wird. Es ist wichtig, wach zu sein, Chancen zu sehen und zuzugreifen. Und dann fröhlich *und* zielstrebig daran zu arbeiten.

Jeder Mensch will etwas erreichen. Es ist ein belebendes Gefühl, Einfluss zu nehmen, etwas zu bewirken und zu verändern. Es geht darum, die Chancen im Auge zu behalten und darauf zuzusteuern. Die Ziele, die wir aus eigener Motivation anstreben, bringen uns auf den Weg zur inneren Zufriedenheit. Sie versprechen Lebensfreude.

Sobald wir die Fäden unseres Lebens in der Hand halten oder in die Hand nehmen, empfinden wir Lebenslust. Wir fühlen uns als die Verursacher unseres »Schicksals«. Wenn Menschen in einer Lotterie ihre Lose selbst ziehen dürfen, statt sie per Zufall zugeteilt zu bekommen, erwarten sie bessere Gewinnchancen.[83] Selbst dort, wo der pure Zufall regiert, glauben wir, dass aktiv zu handeln uns irgendwie zugute kommt: Wie viel stärker muss dieser Satz für unser Leben gelten!

Selbst umgekehrt stimmt die Regel noch: Menschen, die glauben, keine Kontrolle mehr über ihr Leben zu haben, verlieren jegliches Selbstwertgefühl und schließlich auch den Lebensmut.

## Powerfrauen

Ich habe beschrieben, welche Vorteile Frauen besitzen, und ich bin überzeugt: Würden Frauen ihre Fähigkeiten voll ausspielen, dann gäbe es keine Quotendiskussionen und keine jammernde Resignation. Dass Frauen nur einen Bruchteil der

Topjobs besetzen, diese Diskussion gehörte dann zweifelsfrei der Vergangenheit an. Vielleicht müsste man sogar über eine Männerquote nachdenken.

Doch das ist noch Zukunftsmusik, und so bleibt die etwas verzweifelte Frage: »Warum halten Frauen sich noch immer zurück? Haben sie irgendeinen Vorteil, wenn sie sich selbst bremsen?« Die krasseste Antwort hat mir eine bekannte Fernsehjournalistin gegeben, indem sie die Gegenfrage stellte: »Wozu brauchen wir noch Männer, wenn wir alles (besser) können?«

Ist das Problem so gravierend, haben wir wirklich Angst, die Männer nicht mehr zu brauchen? Brauchen Frauen Männer, zu denen sie aufschauen können, die für sie sorgen, auf deren Schulter sie sich stützen können? Haben Frauen Angst vor echter Gleichberechtigung? Fürchten sie, dass gleiche Rechte auch gleiche Pflichten nach sich ziehen werden? Wollen wir den beschützten kleinen Winkel? Wollen wir die letzte Verantwortung für unser Leben wirklich hergeben?

Sicher nicht.

Doch unsere Haltung zu Männern, zu Beziehungen wird sich grundlegend ändern, sobald wir auch die wichtigen Entscheidungen in die eigene Hand nehmen. Wir werden auf allen Gebieten in den Wettbewerb für die bessere Lösung eintreten. Wenn wir den Ehrgeiz verspüren, ernsthaft konkurrieren zu wollen, um Positionen, um Ideen, um Macht und Verantwortung, wenn wir diese letzte Herausforderung der Emanzipation annehmen, dann werden wir auch die Qualität unserer Partnerschaften und Freundschaften weiterentwickeln. Denn sicher ist: Beziehungen unter Gleichwertigen sind für alle Beteiligten befriedigender.

Wir werden uns durch eine Wand von Widerständen arbeiten müssen, die unsere Tatkraft drosseln. Ihre Bausteine sind: Die Furcht vor Unabhängigkeit. Die »Angst« vor Misserfolg. Die Last der Verantwortung. Die Sorge um Liebesverlust. Und die ewige Furcht der Starken und Macher, ausgenutzt zu werden.

Die Klügere wird auch diesen inneren Widerständen nicht mehr nachgeben.

Natürlich hat unsere genetische und stammesgeschichtliche Entwicklung als das körperlich schwächere Geschlecht Einfluss auf unsere Möglichkeiten und physischen Fähigkeiten. Wer schwächer ist, verbündet sich mit anderen, tut gut daran, eine ausgeprägte Intuition zu entwickeln und daraus Vorhersagen über das Verhalten anderer abzuleiten. Die meisten Seher des Altertums waren Frauen. Wen wundert es? Und so sehe ich eine rosige Zukunft für Frauen voraus. In unserer Zeit ist das männliche Verständnis von Macht und Hierarchie überholt.

Frauen sind gerüstet. Sie haben das Zeug dazu, in allen wichtigen Feldern des Lebens gleichzuziehen oder sogar einen klaren Vorsprung zu erlangen. Die Klügere gibt *nicht* mehr nach. Eine englische Journalistin drückte es so aus:

**Nimm einen größeren Bissen,**
**als du glaubst, kauen zu können,**
**und dann kaue fröhlich, voller Energie**
**und wenn es sein muss, wie besessen.**

# Anmerkungen

1 Helen Fisher, The first Sex, Random House New York 1999, Seite xvii.
2 DER SPIEGEL 25/99, Seite 80, gezeigt wird das Bild eines männlichen und weiblichen Gehirns bei Aufgaben zu Wortassoziationen.
3 Helen Fisher, s. o., Seite 4 f.
4 Ebenda, Seite 4 f.
5 Ebenda, Seite 5.
6 Ebenda, Seite 6.
7 Ebenda, Seite 17 »Chunking« thinking.
8 Scientific American No. 2, New York, 1999, Seite 27 f.
9 Antonio R. Damasio, Descartes' Irrtum, München 1997, Kapitel 8 und 9.
10 Helen Fisher, s. o., Seite 44.
11 Daniel Goleman, »Emotionale Intelligenz«, Wien 1996, Seite 127 f.
12 Ebenda, Seite 127 f.
13 Helen Fisher, s. o., Seite 43.
14 Richard Driscoll, The stronger Sex, Prima Publishing Rocklin, CA 1998, Seite 6 ff.
15 Ebenda, Seite 8 f.
16 Daniel Goleman, s. o., Seite 180, Forschungen von Robert Levenson.
17 Helen Fisher, s. o., Seite 58 f.
18 Ebenda, Seite 58 f.
19 Driscoll, s. o., Seite 48 f.
20 Developmental Psychology, 1990, Vol. 26, No. 6, 978–986, einige Details auch in Goleman, s. o., Seite 109 ff.
21 Psychologie Heute, Feb. 2000, Seite 23.
22 Helen Fisher, s. o., Seite 19.
23 Sally Helgesen, The female Advantage, zitiert nach Helen Fisher, s. o., Seite 19.
24 Helen Fisher, s. o., Seite 19: In amerikanischen Investmentclubs verdienen Frauen 21,3 % p. a., Männer 15 % p. a.
25 Helen Fisher, s. o., Seite 5.
26 Marktforschungsgesellschaft Spectra, Linz, unveröffentlichte Studie, Mai 2000.
27 Scientific American, s. o., Seite 11.
28 »Life on the Edge«, Artikel in Time Magazine, Ausgabe vom 6. 9. 1999.
29 Scientific American, s. o., Seite 12.
30 »Life on the Edge«, s. o.
31 Ebenda.

32 Scientific American, s.o., Seite 11.

33 Ebenda.

34 D. J. Canary, Sex and Gender Differences, Guilford Press 1997, Seite 36f.

35 DER SPIEGEL, 1.5.2000, Seite 42f.

36 Frankfurter Rundschau, 10.4.2000, Seite 15.

37 D. J. Canary, s.o., Seite 62.

38 Scientific American, s.o., Seite 12.

39 Helen Fisher, s.o., Seite 36.

40 Helen Fisher, s.o., Seite 37, siehe auch Geo, Heft Nr. 5, Mai 1993, ausführlicher Artikel über Bonobos.

41 Franz de Waals, Wilde Diplomaten, 1992, auch Fisher S. 40.

42 Daniel Goleman, s.o., Seite 169.

43 Helen Fisher, s.o., Seite 31.

44 Ebenda, Seite 32.

45 Ebenda, Seite 32.

46 Ebenda, Seite 32.

47 Daniel Goleman, s.o., Seite 212ff.

48 Ebenda, Seite 216f.

49 Ebenda, Seite 219.

50 Ebenda, Seite 222.

51 Psychologie Heute, November 1999, Seite 16.

52 Ebenda.

53 Ebenda.

54 D. J. Canary, s.o., Seite 31.

55 Ebenda, Seite 31 und 62.

56 Daniel Goleman, s.o., Seite 73.

57 Ebenda, s.o., Seite 73.

58 Ebenda, s.o., Seite 72.

59 Ebenda, s.o., Seite 72.

60 *Somatische Marker* bei Damasio, s.o., Seite 227ff.

61 Daniel Goleman, s.o., Seite 71.

62 Frauenzeitschrift Freundin 21/99, Seite 20.

63 Ich verwende den umgangssprachlichen Begriff Unterbewusstsein, um das gesamte System der unterschwelligen Wahrnehmung, Bewertung und Erinnerung zu beschreiben.

64 Milton Fisher, Intuition, Wildcat Publishing, Connecticut 1985.

65 Gavin de Becker, Mut zur Angst, Frankfurt 1999.

66 Gavin de Becker, s.o., Seite 49 ff

67 Marie Claire, Okt. 1999, Seite 227.

68 Sally Helgesen, The Female Advantage, 1995 Doubleday, New York, Seite 143ff.

69 Nach Lord Parkinson, der davon ausgeht, dass diese Regel für alle Institutionen gilt.

70 Mintzberg, zit. nach Helgesen, s.o., Seite 23f.

71 Dorothy Brunson, in Helgesen, s.o., Seite 27.

72  Zukunft der Arbeit. Teil 7 DreiSat. Film von Gundula Englisch und
    Hiltrud Reiter u. a. © 2000 u. a. über die Firma SOL in Skandinavien.
    Hier organisierten die Mitarbeiter ihre Zeit weitgehend selbst in
    Absprache mit Kunden.
73  Patricia Aburdene, John Naisbitt, Mega Trends for woman, Arrow
    House, London 1994.
74  Sally Helgesen, s. o., Seite 124.
75  »Nachtcafé«, 26. 5. 2000, 21.45 Uhr, im baden-württembergischen
    Regionalfernsehen, Leitung Wieland Backes »Ist die Zukunft
    weiblich?«
76  »Annie Get Your Gun!« Musical von Irving Berlin.
77  Mihaly Csikszentmihalyi, Lebe gut, Stuttgart 1999, hat sich mit dem
    Thema Flow ausführlich befaßt.
78  Focus 22/2000, Seite 11.
79  DER SPIEGEL 38/99, Seite 196 f.
80  Royda Crose, Why women live longer than men, San Francisco 1997;
    siehe auch Psychologie Heute, compact, Nr. 4, 1999.
81  In Anlehnung an: Psychologie Heute, compact, Nr. 4, o. J., Seite 70 f.
82  Ebenda, Seite 70 f.
83  Ebenda, Seite 92.

Ute Ehrhardt

# Gute Mädchen kommen in den Himmel, böse überall hin

Warum Bravsein uns nicht weiterbringt

Band 14751

Dieses Buch hat wie kaum ein anderes für Wirbel gesorgt – und eine wahre Flut von Nachfolgetiteln ausgelöst.

Lassen Sie sich von Ute Ehrhardt sagen, warum es nichts bringt, immer nur rücksichtsvoll zu sein. Sagen Sie »NEIN!« und hauen Sie auf den Putz! Werden Sie aufmüpfig und auch böse – dann kommen Sie überall hin! Dieser amüsante Leitfaden zur Befreiung aus der weiblichen Denkfalle beschreibt einen souveränen Weg hin zu einem erfüllten, selbstbestimmten Leben.

»Frauen müssen lernen, nicht heimlich Dankbarkeit zu erhoffen, sondern klare Gegenleistungen zu fordern. Keine Angst vor Zoff!«

Fischer Taschenbuch Verlag

fi 1740 / 2

Ute Ehrhardt

# Und jeden Tag ein bißchen böser

Das Handbuch zu
›Gute Mädchen kommen in den Himmel, böse überall hin‹
Band 15135

Wie kein anderes Buch hat Ute Ehrhardts »Gute Mädchen kommen in den Himmel, böse überall hin« die Leserinnen mitgerissen. Zuhörerinnen der weit über 150 Lesungen, Teilnehmerinnen in vielen Seminaren und zahlreiche Briefeschreiberinnen wünschten sich von Ute Ehrhardt praktische Hilfen für die konsequente Umsetzung der Ideen ihres Buches in den Alltag. Deshalb das Handbuch: »Und jeden Tag ein bißchen böser«.

Das Handbuch bringt mit kleinen und sicheren Schritten große Veränderungen auf den Weg. Es deckt mit seinen Programmen alle Lebensbereiche ab: Partnerschaft, Familie, Freundschaft, Beruf. Es räumt auf mit allgegenwärtigen Stolpersteinen und immer wiederkehrenden Denkfallen. Es macht Mut, auch eine (scheinbare) Niederlage zu verkraften, weil manches erst im zweiten Anlauf klappt. Es bietet einem ›ziemlich braven‹ Mädchen den passenden Einstieg ins Bösewerden und reizt die recht Bösen, noch einen Schritt weiterzugehen.

Fischer Taschenbuch Verlag

fi 1749 / 4

Eva Wlodarek
**Spielregeln des Lebens
für mehr Glück und Erfolg**
224 Seiten. Gebunden

Sind Sie rundum zufrieden mit Ihrem Leben? Sind Sie glücklich? Wenn Sie das Gefühl haben, immer wieder an Grenzen
zu stoßen und nicht richtig weiterzukommen, sich mit Problemen quälen und unter Stress und Enttäuschungen leiden,
dann sollten Sie sich mit den Spielregeln des Lebens befassen.
Eva Wlodarek hat die Anleitung dazu geschrieben. Mit sieben
elementaren Spielregeln, die für jeden gelten, bietet sie ein
hervorragendes Handwerkszeug, das eigene Leben erfolgreich zu gestalten. Ihr Leben wird sich positiv verändern. Sie
werden weiter kommen, als Sie es sich je erträumt haben, und
glücklicher und erfolgreicher sein als je zuvor.

**Krüger Verlag**

fi 2-2343 / 1